新品类咨询专家玄机系列丛书

新品类

NEW CATEGORY

玄机◎著

企业管理出版社
ENTERPRISE MANAGEMENT PUBLISHING HOUSE

图书在版编目（CIP）数据

新品类 / 玄机著 . —北京：企业管理出版社，

2023.4

ISBN 978-7-5164-2811-5

Ⅰ.①新⋯ Ⅱ.①玄⋯ Ⅲ.①中小企业—企业创新—

研究 Ⅳ.① F276.3

中国国家版本馆 CIP 数据核字（2023）第 008634 号

书　　名：新品类

书　　号：ISBN 978-7-5164-2811-5

作　　者：玄　机

责任编辑：蒋舒娟

出版发行：企业管理出版社

经　　销：新华书店

地　　址：北京市海淀区紫竹院南路17号　　**邮　　编：**100048

网　　址：http://www.emph.cn　　**电子信箱：**26814134@qq.com

电　　话：编辑部（010）68701661　发行部（010）68701816

印　　刷：北京虎彩文化传播有限公司

版　　次：2023年4月 第1版

印　　次：2023年4月 第1次印刷

开　　本：700mm×1000mm　1/16

印　　张：12.75印张

字　　数：181千字

定　　价：56.00元

丛书序言

写丛书的原因（一）

此前，有些财经媒体在邀请我访谈时提到，有关新品类的书籍对新品类研究与开发的影响是巨大的，希望我能在《新品类》一书的基础上出版新作，那时我并未就此说法表态。后来陆续与一些读者交流，发现这类书籍对他们经营的影响是巨大的，他们希望我能继续在国内普及新品类的相关知识，让更多的人学习并从中受益。我也深刻感受到目前相关著作在国内的缺乏程度，为此我对新书的出版进行了长时间、深层次的思考，最终决定对国内外现有的新品类方面的理论、方法等进行进一步的补充，以便让国内中小品牌管理者能够了解新品类对于企业经营的重要性，同时了解如何运用新品类促进企业发展。

每个月都会有很多经营管理及市场营销类的图书出版，供广大管理者学习和参考，而现实是，管理者穷其一生都难以阅读完相关书籍的冰山一角。阅读可以让管理者在日益激烈的品类竞争中保持独立思考，而且读者反馈，他们运用书中所谈到的理论及方法之后，解决了日常工作中90%的问题，使自己的企业获得了迅猛的发展。

在做顾问的十几年中，有很多管理者希望我能写一本书系统化地介绍新品类，不只是讲解运营效益那么简单的，也不是关于外部品类竞争的，而是中小型企业管理者能够看懂，并能为其所运用的专业著作，书中不能有太多的专业术语、专用名词，也不能存在“规模上的代沟”。为此我花了不知多少个日夜，与团队一起对这十几年的工作进行总结，成功地总结出更贴合中小品牌的经营发展特点的新品类理论与方法，让中小品牌的经营者能够在本丛书中找到办法解决开展新品类活动中遇到的困难，并应用这些理论及方法改善中小品牌的经济创收。

现如今，管理者如何应对市场竞争中的“品类战争”，对品牌未来的发展具有至关重要的影响。

这不应该是管理者茶余饭后讨论的问题，也不应该仅仅停留在学术层面，品类竞争中的每位管理者都面临新品类存活率的问题，这个问题很关键。管理者们要想在品类竞争中不落下风，就必须抓紧时间，对这个问题进行思考。在过去的十几年里，作为多家大企业的资深顾问，我接触过的企业遍及国内各地，企业内的基层管理者至高层领导者，都是我服务过的对象。通过与企业管理者的密切接触，我发现并且深刻感受到他们目前所面临的问题于他们而言多么重要，这个挑战的难度又意味着什么。

经历过几十年的社会变革和发展，大家都知道，一切都是暂时的。对于在品类竞争中的品牌而言，优势是暂时的，劣势同样也是暂时的，关键问题就在于如何将阶段性的短期优势、劣势转变为长期优势。虽然我们不追求一劳永逸，但也不想在每个阶段都处于追赶状态。例如，已经成为一个品类中的领导品牌，如何保持上升？我的建议是进行另一个周期的新品类活动，我称之为品类战略，“品牌教父”宝洁正是以品类战略独霸了日化市场。

投资者对于品牌的增长充满期待，甚至会在品牌发展的每个阶段都提出一些不可能完成的目标。本丛书的价值在于提出对中小品牌同样适用的理论知识，能够被中小品牌有效运用。品类战略并不是最好的手段，目前在市场中也不是对任何管理者都适用，但它是中小品牌、大型品牌、巨型品牌都能够运用的，也是品牌在每个阶段都能够运用的战略方式。比起公司战略或者多元化战略，品类战略能够带来良性发展，能够让企业内部充满力量。

品类战略只有一个条件，那就是：占据品类中数一数二的位置之后才能进行下一个新品类活动。在需要增长的同时，想想自己是否已经做到了品类中的“数一数二”，如果是，再开始进行第二个新品类活动项目的探索。这样在满足了投资方无穷无尽增长欲望的同时，又能够坚持自身立场。什么都能变，唯独这个条件不变。品类战略能够让品牌在创造出持续价值的同时，为下一个新品类活动做好充足的准备。记住，除非你已经做到了“数一数二”，否则不要有新的启程！

新品类的差异化所带来的价值应该是管理者最先考虑的，也是管理者赋予品牌在品类竞争中的“超级武器”，如iPhone的“超级武器”是iOS系统，而华为手机的“超级武器”是鸿蒙系统，这两者的差异化使它们占据了手机品类最大的品类份额。而差异化之下的特性则是秘密武器，品类秘密武器是顾客将该品类作为首选的原因。iPhone的秘密武器是“流畅”，而华为手机的秘密武器是“信号稳定”。大家谈论iPhone的绝大多数话题不就是它的系统跟其他品牌不同（封闭）吗？而大家谈论华为手机的绝大多数话题不就是它的系统开放（封闭的对立面）吗？iPhone作为智能手机的开创者，充分地占据了开创者的有利地位，而华为手机则采用了与iPhone完全对立的方式——开放，华为手机所持有的“超级武器”抢走了手机品类的大部分品类份额。“神仙打仗，小鬼遭殃。”华为抢了谁的品类份额呢？推出同质化产品的品牌因为“超级武器”的杀伤力不足而无法及时防御来自华为的“超级武器”，最终退出市场，将品类份额拱手相让。

创造差异化对于品牌如此重要，以至于你不能忽略它，对于一个业务架构简单且清晰的品牌，如何在市场上寻找到有杀伤力的“超级武器”是管理者每天都要关注的，或者说这个品类中的“超级武器”已经被竞争对手找到，并且运用得风生水起，那你就无法对其发动攻击，只能伺机而动，不断寻找有效的机会。若你已经找到了“超级武器”，请你一定要充分发挥好这一“超级武器”，运用好“超级武器”不仅会让你事半功倍，还会让你带领品牌更快地腾飞。

持续创造价值是一个让管理者带动品牌发展的重要方式，战略定位对品牌是否拥有“超级武器”有着非常严苛的标准。各种“超级武器”的杀伤力是不同的，在同一时期：iPhone占据了iOS系统这一差异化，占据了全球17%的品类份额，而华为手机占据了鸿蒙系统这一差异化，却只占据了全球4%的品类份额。这或许存在时间的因素，但iPhone作为智能手机品类的开创者，的确拥有对品类中“超级武器”的选择权，这是未知领域对于开创者的奖励，是一种无上的荣耀，除非品类消亡，否则这一“超级武器”始终会被开创者单独持有。不要小看这个“超级武器”，这为iPhone的“高价售卖”提供了支持，难道买iPhone的人不会觉得它很贵吗？但是否有人质疑它的价值？大部分购买者会格外珍惜自己所拥有的这部昂贵的智能手机。

将差异化作为“超级武器”这件事，其实是没有任何可借鉴的教学资料的，只能在一些不太相关的资料中找到只言片语。差异化对商业的影响重大，但相关资料十分匮乏。

虽然差异化的应用是目前全球所有管理者都迫切想要了解的，或者说是需要掌握的，因为他们对于差异化能对品牌产生的积极作用并没有任何怀疑，但差异化的有效实施不单是管理者要面临的挑战。品牌无法寻找到有价值的差异化就会停止价值增长，这是我们需要时刻警惕的。

全球范围内的关于差异化的有效理论非常匮乏，目前也有很多专业人士在研究这个领域，但对于相关研究成果似乎都“秘而不宣”，基本上只用于为大品牌提供咨询服务。大品牌的咨询预算充足，市面上几乎所有的咨询公司都愿意为其提供细致入微的服务。可我始终期望写出系列专业著作，不单为大品牌提供服务，也能为中小品牌的发展提供助力。

本丛书专注于论述新品类活动中对差异化的寻找、分析、使用等，这些能引领企业获得经济上的成功。其中有一部分内容是我与团队多年项目工作的经验，另一部分内容是我对该领域进行研究所取得的成果。书中的一些专用词及其实际应用可能与管理者日常接触的大不相同。通过十几年的研究，我终于梳理出一些系统性地寻找差异化的方法，为国内中小品牌在经营发展上提供品类竞争的指导。

品类竞争中存在着许多品类，品类与品类之间存在明显的差异，每个具有变革性的品类都占据着数个甚至数十个不同的差异。这犹如一个战略定位地图，其中涵盖了一些商业法则，管理者想要在战略定位地图中寻找到适合自己的差异化，就需要结合品类活动开启对差异化的探索。有些差异化已经被使用了上百年甚至几百年，被几代人甚至几十代人所了解，如奔驰占据“地位象征”这一差异化百余年时间，已经影响了好几代人，很多人都清楚奔驰在汽车行业的地位，也不会有人觉得奔驰对汽车品类的影响不够。奔驰的差异化在其发展过程中几经改变，不过好在管理者很快就意识到自身的“超级武器”就是“地位象征”。同时，奔驰是汽车品类的开创者，品类开创者虽也可能在商业竞争中犯错误，遭遇失败，但由于人们更加信赖它，而且更希望它能够站起来，会给予其更多的理解、更多的鼓励，而奔驰最终也不负众望，牢牢握住“地位象征”这一最佳“超级武器”。

战略定位地图内的差异化对应着新品类活动中的运营效益，运营效益对应着不同阶段的活动计划，阶段活动成果带来的影响最终是否可以形成强有力的超级武器，取决于运营效益能否有效发挥。日常经营中，以差异化来引导品牌的发展，是管理者可以深入学习的品类竞争的有效方式，管理者需要对市场竞争对手所持有的“超级武器”有足够的关注，同时为自身的差异化构建竞争优势及防御壁垒，从而找到经营上的关键核心点。相关理论告诉管理者需要做哪些事情，又有哪些事情不能触碰，哪些事情需要远离。差异化理论能够告诉我们需要对战略定位做出哪些选择，如何形成一套与竞争对手完全不同的运营模式，这在日常经营中是至关重要的，也会直接表现为经济成果，在绩效上升或下降上有最直接的体现。

合理使用差异化有助于品牌取得品类竞争的成功，差异化有时候也需要进退有序，有些差异化无法直接在战略定位地图中直接选择，需要管理者通过逐步升级的方式获取。例如华为手机的差异化是鸿蒙系统，而鸿蒙系统也是在2019年下半年才正式对外发布的，此前的“超级武器”可能没有那么强的杀伤力，甚至可以说，华为手机在起步阶段可能没有“超级武器”。这都是因为战略定位地图的规则在某一时期尚不明确，管理者无法对战略定位地图中的最佳“超级武器”有足够的认识，自然无法合理加以运用，这也是情理之中的事情。

但一些已经进入战略定位地图的品牌，不单寻找到了适合自己的“超级武器”，而且已经发展至全球顶级品牌，它们就相对轻松，因为它们已有足够的成功经验为下一次可进行的新品类活动做好充足的准备，这类品牌往往能够更快地走向成功。

以往进入过战略定位地图的一些品牌，或许是因为新品类发展未能持续下去，或许是因为无法升级自己的“超级武器”，现今已然不复存在，这也许是一个品类的陨落，但对于品牌而言是更大的损失。不过在经过战略定位地图的自然循环，不具备竞争力的品牌丢失了“超级武器”的同时，新兴品牌也能够找到以往强势品牌所持有的“超级武器”，并在新的时代大放异彩，这些“超级武器”最终还是回到了战略定位地图中，等待着在新一轮新品类活动中被选取。

写丛书的原因（二）

本丛书会论述品类竞争所需的60%的品类应用理论和40%的品类实战理论，还会提及一些深层次的名词和理论，列举如下。

①战术、战意、战时、战况、战态、战耗、战资。

②战略莽撞、战略含糊、战略平庸、战略才疏、战略高智、战略无知。

③战略阶梯、竞争规则、战略才能、战略失利、短期行为、轻战行为。

④一些理论工具：豪威尔环、豪威尔优势调研法、豪威尔杠杆、豪威尔感知调研法、豪威尔维度法、豪威尔价值法、豪威尔品类防守战略、豪威尔信任状、豪威尔新品类步骤法、豪威尔战略生效理论、豪威尔超级武器理论、豪威尔新品类定律、豪威尔战略五行、豪威尔战略结构图、豪威尔战略打分榜。

由于品类理论在全球范围内还属于前沿理论，多数管理者尚未接触，并不熟悉该理论的模型及作用，所以理论传播就慢得多。

同时，新理论在一开始与之前的理论必然存在断层现象，无法紧密地联结，在使用的过程中也会增加不便，所以，建议本丛书的读者能够学习网站（haowel.com）上的内容。在使用品类理论时，若有疑问也可以向网站客服人员咨询。而在阅读方面，我个人建议，读者可以放慢对本丛书的阅读速度，这样会更有利于吸收。

尚未公开的品类理论及对应理论工具可能让竞争态势更加残酷，同时为了避免管理者剑走偏锋，本丛书暂不分享相关内容。

无论在哪个国家，中小型企业皆位于竞争中的底层，它们虽然有数量优势，精力旺盛，个体战斗力极强，但由于接触不到顶尖技术，且对于比较专业的竞争理论、品类理论、品牌理论了解不多，所以缺点也很明显。因为不了解这些知识理论，在竞争的号角响起之后，它们往往无力参与竞争，只能被动挨打。

现代战争要获得胜利，并不依靠人海战术，更不依靠低级武器。运用高尖端武器，集中力量摧毁敌方的军事基地，这才是获胜的关键。

高尖端武器杀伤力强、杀伤范围大、毁灭性高，所以价格高昂，远不是一般小国家能购买的，而制造这些武器的国家也会获取垄断性的利润。

商业竞争同样如此，现代的品类竞争，并不依靠低廉的成本，而是运用高尖端的品类理论、竞争理论，集中力量“摧毁”竞争对手的核心产品。

有着清晰定位的品牌往往能够轻易地在一群品牌中脱颖而出，而品牌的差异化往往能引起顾客的兴趣并产生热点话题。

而同质化的品牌，就如同一些小国家，它们没有高尖端武器，也没有军事基地，所以在面对战争时，只能狂轰滥炸造成不必要的伤亡，作战者（销售人员）苦不堪言。

企业在商业竞争中需要建立强大的防御壁垒，主要用于应对竞争中的进攻。在防御壁垒内，同质化品牌很难进入，而对品类有贡献的差异化品牌可以参与进来共同发展。

同质化品牌一是不具备建设防御壁垒的实力，二是根本不愿花时间这样做，觉得太麻烦了。所以在持有高尖端武器的进攻者面前，同质化的品牌可以说只能被一次性歼灭，进攻者不需要花费太多代价就能够获胜。

我相信尚未建立起防御壁垒的管理者中，有一部分想将品类发展壮大并做得更好，也有一部分想打造一个属于自己的强势品牌，并让品牌作为自己参与品类竞争的基本单位，在品类中进行探索。这些都是非常好的想法。

每个拥有梦想的管理者，都想要打造一个属于自己的百年品牌，而本丛书的目的就是介绍相关的知识和经验，帮助这些管理者早日实现梦想。

至于怎么发展，如何在市场中脱颖而出，我会在本丛书中展开条理清晰的论述，让企业管理者在实战中形成强大的力量。

我在闽南地区工作，主要的工作地点在厦门，所以对福建一带的产业、人文较为熟悉，这里的人和文化对我影响深刻。近几年，我越来越发现，这里的企业管理者喜爱切磋、热衷拼搏、敢于争先，无论男女，身上都有一股劲儿。这股劲儿不是倔、扭，而是韧性、智慧还有胆大心细。

虽然大企业占比较低，但丝毫不影响这个地区的发展，来过泉州和厦门的管理者，一定会发现“地下看西安，地上看泉州”及“锁钥东南胡里山，百年坚守厦门关”所具有的深刻含义。似乎这里的品牌总有着一种超前的意识，它们能仅凭一些小群体，就在一个品类中做到“数一数二”。

这也可能跟当地的文化有关。在我看来，该地区的企业管理者与咨询业间的关系不只是商业合作那么简单，更像刘备与诸葛亮、曹操与荀彧间的关系，在共同成就事业的同时，还能成为好朋友，而这种感情，是利益无法衡量的。

企业管理者遇到困难不必闷头自己解决，不必拒绝寻求专家的帮助，借助有效的力量尽快实现目标才是最有效的方式。

尚未找到专家来帮助自己的管理者，如同在危险的丛林中孤身作战，没有向导的帮助、地图的指示是很难达到终点的。作为企业的顾问，我认为咨询业有其社会责任和使命，那就是助力企业不断发展。

企业要脱离同质化发展模式，要强化品牌，当然不是一朝一夕能够完成的，在关键节点上必然离不开咨询业的帮助。但目前咨询业的一个突出问题是，收费实在是太高了。在我看来，理论虽然有效，但费用往往是中小企业无法承担的。

当意识到这个问题时，我在我的网站中设立了为中小企业免费诊断的窗口，及时为中小企业管理者提供帮助，而在费用上做到的是——能少就少。

我带着最朴素的善意，站在对方的角度考虑：对方确实遇到麻烦了，没有遇到麻烦怎么会来找我呢？

而往往我付出一分钟的时间，就能为对方解决困扰企业许久的问题。

究其原因，还是在于目前市面上暂未有比较适合中小型企业发展的咨询公司，这导致中小型企业管理者只能孤军奋战，独自承受企业生存发展的压力，即便犯错，也只能自己去买单，这是一个相当无情的现象。

让我深感荣幸的是，厦门这个城市里的人很友好，乐于助人。闲暇时，好朋友聚在一起玩闹，我的好朋友就会提出各种各样刁钻的问题试图考倒我，我知道他们是想看我最近有没有发现一些新知识、新工具，对此我也乐于回应。我们经常就品类问题进行交流，他们在周边城市的企业中担任不同的职位，每次过来，如果发现我又探索到了新理论，就会要求我教他们。

我是愿意相告的，但对他们也有一些要求，就是利用自己学习到的品类理论，帮助遇到经营困难的人。

这就是我写书的初衷，为管理者提供咨询服务、探索品类理论，这两者一样重要，均承载着我的“光荣与梦想”，鼓舞着我去探索更多有效的品类理论。

我希望真正站在中小型企业的角度去思考问题，并结合自己多年的咨询经历，总结出一套适合中小型企业发展的关于系统化开展新品类活动的理论体系，与管理者携手，打造出具有竞争优势的差异化品牌。如果这有益于中国未来的发展，我不会计较个人得失，但求贡献出自己的绵薄之力。

咨询行业中有人说我扰乱市场价格，我没有这个想法，而且这个说法也不对。在我看来，咨询业也是服务行业，没有人规定咨询业就只能高高在上，一些专家级别的服务人员懂那么多，但是做那么少，却依旧拿着巨额的费用，而无视那些苦苦探索的中小型企业管理者。

大家都喜欢说物以稀为贵，质疑免费诊断的价值，我通常笑笑，也不反驳。我探索到的这些品类知识如何被定义价值，我觉得大家心中有数。

我的第一套阐述系统化开展新品类活动的图书，在深感压力巨大的同时，我也异常兴奋，有时候写起来连喝茶都忘了，对一个闽南人而言，茶的重要性同样不言而喻啊。

关于本丛书，想说的还有很多。

作为一个品类研究者，我能轻松地帮助企业做好一个项目，也能条理清晰地展示项目方案，但这些和撰写著作、系统化地梳理一套适合众多管理者的理论，完全是两码事。丛书的写作确实是一个非常痛苦的过程，背后也有很多不为人知的煎熬。

已经记不清度过了多少个辗转反侧的夜晚，我对写作投入了太多的精力和热情，相信读者也能感受得到。

当然，写作过程中也很纠结，我经常会想，做项目已经够累的了，牺牲休息时间去做这件事到底能产生多大影响？中小型企业能不能用得了本丛书提供的理论，能不能真正地从书中获取有价值的东西？

但是，这些困扰都逐一得到了疏解，书稿内容最初就不间断地在网站上连载，我收到了一些素不相识的用户的认可，这也逐渐让我有了更大的动力，将品类理论更用心地表达出来，呈现给所有企业管理者。

我相信本丛书会有益于中小型企业与咨询业间的关系发展，同时，我也希望更多的人了解新品类，共同推动新品类咨询业的发展，最终帮助更多中小型企业发展。

目录

第1章/CHAPTER ONE

新品类、品牌与品类联盟

第1节

发明、创造与新品类

“西门子发明了什么？”答案是第一台实用的发电机。“爱迪生发明了什么？”几乎所有人都知道，是电灯泡。这两个伟大发明，出现在一个多世纪前，但仍然陪伴在我们身旁，并成为我们生活中不可缺失的一部分。这些发明不仅改变了每一个人、每一个国家，而且影响了地球及人类往后许多年的发展，对人类的生活影响至深，其所产生的经济成果，直接导致世界发展提前了许多年。西门子和爱迪生的功劳之大，是谁也无法取代的，他们不仅解决了自己所在年代的科技研究难题，而且还创造了我们现下便捷的生活环境及工作环境。我们感受到了发明创造的威力，不仅改善了我们的生活环境，还创造了巨大的经济成果，而这个经济成果，就是本书接下来从始至终的核心内容——新品类。

如果离开了这两个先行者的发明创造，我们的生活环境可能颇为不堪，甚至许多技术上的发展也可能减缓，如医疗、教育、通信、交通、货币流通等，这些领域的损失是无法衡量的，因为人类可能面临疾病侵袭、高强度体力劳动等问题的直接影响。但是，最直接的影响莫过于，大抵上“生活在一个没有灯光的黑暗世界里”，没有现在的“手术就能解决以前无法治愈的疾病”，自然也没有“几个小时就能跨越数千千米的能力”。

现代社会是怎么样的？创造者在发明某物之前，是无法全部预想出来的，但他们超前的思维模式注定了，或许他们已经触碰到了部分关于“新品类”在未来社会的广泛应用。他们已经为自己所发明的产品料想到了，这注定是改变行业格局的，甚至改变世界格局的，以至于这股精神不断鼓舞着他们，并一刻不停地对“新品类”进行刻苦研究。至于未来这些发明被应用到多大程度，需要后来者注入一个全新的思维去开创属于自己的崭新品类。虽然每个崭新品类对社会作用的大小不一，但我们不能以此作为不去做这件事情的借口，更不能在思维上不做主动转变。今天，我们要讨论的，就是如何通过一个“当前品类”预判并发展出一个“全新品类”，并为自己和企业带来足够的经济回报。这是有一定方法与技巧的，这些方法与技巧已经逐渐揭开了这些神秘的面纱，吸引大量人员共同参与和探索。

这些先行者，或者开创者，在资源紧缺的年代，在发明、创造方面的工作并不如今天这般水到渠成、得心应手。同时，所运用的理论在传播上、交流上，不是一帆风顺的。但这些先行者身上散发出来的特质，间接地造就了他们的工匠精神，并且在发明创造之前，他们就会先提出一些有关结果，甚至哲学性的问题：“什么样的机会可以带来最大的经济成果？”“什么样的机会能为人类带来巨大改善？”

这类问题始终伴随着发明创造工作，是发明创造的主题，只要围绕着它进行发明创造，方向就不会偏离。虽然有些人会以“目标群体”或者“对应人群”去定义、阐释某类新产品的未来市场有多大，但实际上，这只是对该项工作的比较狭义的一种理解，因为从广义角度而言，越伟大、作用越明显的新产品，用以形容的词汇就越简单，也更易被外部接受，同时，它们日后的出现，必然有“众星拱月”之势。无论是谁，或许得到的答案都可能是：巨大的挑战。是的，这是我们对问题最直观的感受，这个问题把难度最大的地方呈现在了人们最容易接触到的地方。出现的问题总是试图吓走许多想轻易进入发明创造，但又不肯投入真本事的人。

在这点上，只有富含哲学知识，且具备一定明睿前瞻能力的人，才能发现端倪，才能够轻易地看透，并探寻到那些深层次、等待解决的关键点。竞争的最终结果，是与竞争对手拉开十几年的发展差距而成就的经济成果，这是每个先行者在发起新产品挑战时必须考虑的，如果开创出来的一个“新品类”，无法使顾客体验后彻底背弃竞争对手的产品，那么这对新产品先行者而言，就是前功尽弃。伴随着伟大产品的出现，“当前产品”的生存空间会越来越小，而新产品的溢价会越来越高，这也表明“当前产品”的亏损是持续上升的。

同处一片大陆，资源有限，新生事物要想获得足够的成长空间，必定是以牺牲另一方为代价的。

显然，创造者的答案与大部分人是不可能相同的，因为他们的思维方式与大部分人是不同的，正是这种思维方式引导着他们思考每一个问题时，都能从不同于常人的角度思考。他们看待“问题的真实面”通常是：“其中，这个是最重要的机会因素，只有机会因素才能让我们获得成功”，面对不利因素、威胁因素，他们通常一笑了之，他们知道，十次尝试中的一次成功就足以抵销九次失败的损失。

所以，实现机会最大化的人是包括以德国的西门子和美国的爱迪生为代表的先行者。

这两位伟大的创造者占据着电气工业的不同领域，实际上我们今天看到的、用到的大部分电气化产品出自他们之手。他们抓住机会因素所产生的力量，改变了每代人的命运，不管是教育、医疗，还是金融体系，为每代人都带来了全方位的帮助。在我看来，他们对我们居住的这个世界的影响大大超过了亨利·福特和阿尔弗雷德·斯隆，在某种意义上而言，他们开拓了“电”“电的用途”“一系列电气化产品”，开创了从未有人涉足的技术领域，并把这些新鲜事物推向世界的每一个角落，这使得他们成为伟大的发明家。

半杯水的关注度应该是在空的那部分，那部分才是杯子的顶点，而成功的计划总是以实现机会因素的最大化为基础，两家巨头始终问自己：“如何从没有做过的哪些事情中获得机会，并通过机会获得最大的经济成果？”他们清楚：经济效益是社会成果，而不是企业成果。

对这两名发明家创造出来的绝大多数产品，进行简单的描述，那就是：“新品类”。一切都是崭新的，他们带给人们的不仅是一系列崭新的产品，更是一个崭新的世界。

本书的开篇之章是“新品类”，围绕“什么是新品类”“新品类与既有品类的区别”展开论述，同时回答了“新品类的研发步骤是什么”“品类联盟发挥了什么作用”“新品类如何成功商业化”等关键问题。接下来，就带领各位管理者走进新品类的世界。

电灯未出现前，人们依靠什么获取光源？或许大部分年轻人除了灯没有看过其他照明设备，但问问周边的老人，他们会告诉你许多答案。

没有电灯时，人们使用的光源大致分为三类：月光、阳光、火光。这三种是人类最早接触到的消耗性光源，说它们是消耗性光源，是因为它们有着“不可被复制的劣势”，也就是说“这类光源存在很大的使用限制”。

使用限制可分为使用时间的限制、使用场景的限制等。使用场景的限制包括“在封闭的空间，月光和阳光的实用性就受到了巨大挑战”。月光和阳光的使用前提条件是在敞开的环境中，如果有物体阻挡，它们无法发挥出功效，我们不能要求它们根据使用场景进行改变。

月光和阳光都有严格的出现时间，月光只有在晚上出现，阳光只有在晴朗的白天才会出现。如果乌云蔽日，人类几乎无光可用。后来，火光出现了，人类巧妙地把火光用在各个地方，如封闭的空间、漆黑的夜晚等。

所以，人类把希望寄托在火光上，有了火光，人类的夜晚生活充满了光亮和温暖。人类通过使用火把、蜡烛、煤油灯、煤气灯等，不仅成功驱除了黑暗，带来了光明和温暖，而且还将火光“随处挪移”。“随处挪移”和“全天使用”是月光和阳光无法做到的。

照明方面，火光代替了月光和阳光，原因是显而易见的，就是火光具备“随处挪移”及“全天使用”的价值，因而迅速广泛的传播。

这么来说，火光其实就相当于一个“新品类”，因为火光较前两者，确实有着不可代替的作用，也更具实用性、灵活性、便捷性等。因此，新品类是相较于当前品类而言的品类，实用性、灵活性、便捷性等就是“诞生新品类的关键因素”。所以，发明、创造“新品类”时，这几方面的作用需要纳入考虑中，虽然这些只是基础性作用，但是一个完善的体系正是基于此逐步形成的。

直至工业化时代，火光类的光源无疑成为“当前品类”，而谁会是“新品类”呢？毫无疑问，新品类自然是“电灯光源”。

是的，这个答案越来越清晰了，如果要把灯光光源进行归类划属，会产生很多“当前品类”及“新品类”，而“当前品类”就是我们所说的“既有品类”。

问：什么是既有品类？

答：它是现下已经存在的品类。

问：什么是新品类？

答：新的产品类别，且之前从未出现过，必须符合人们的认知，同时与既有品类存在一定差异化。

问：新品类与既有品类之间存在什么关系？

答：对立关系、竞争关系，无法罢休的关系。

新品类是被发明、创造出来的，它出现的目的只有一个，那就是取代既有品类，并成为一个成熟的品类。既有品类很可能受到新品类的强烈攻击，逐渐成为顾客的过去时。

其实，电灯光源分为很多种，每一种电灯光源都是依次被发明、被创造出来的，并逐渐走入千千万万个家庭中。还有很多种电灯光源无法成功地应用在生活中，因为它们不具备成为一个新品类的足够条件，或者因为它们缺乏足够的差异，又或者因为它们对既有品类的攻击力太过微弱，以至于一击之后因力量不足陷入了沉睡中。

不过，这一切都不重要，我们要讨论的是，如何颠覆既有品类，进而创造一个新品类，并获得足够的经济成果。

科学家、工程师虽然发明了多种电灯光源，但很多不具备差异化的优势或者竞争力，无法顺利进入市场中。如果我们仔细全面地调研市场，会发现，现在被广泛使用的光源只有寥寥数种，主要是白炽灯光源、日光灯光源、节能灯光源、LED灯光源。

白炽灯光源，1879年，由爱迪生发明。爱迪生先是创建了爱迪生电灯公司，其后改名为美国通用电气。

日光灯光源，1938年，由美国通用电气的伊曼发明的。

节能灯光源，1978年，由荷兰飞利浦公司发明的。

LED灯光源，1962年，由美国通用电气的尼克·何伦亚克发明的。

我们看到，这四个产品之中，有三种是被美国通用电气发明的，另外一个是由荷兰飞利浦公司发明的。请仔细思考，发明、创造与新品类之间有着怎样的关系呢？答案其实很简单，那就是：发明、创造成就了新品类在市场中的地位，也可以理解为：发明、创造促使新品类取代既有品类，或者理解为：发明、创造是新品类的基点，成功运用好这个基点，新品类就能撬动既有品类的市场地位，并取而代之。

所以，倘若企业现在要开始从事新产品业务，那么无须过多纠结“选择什么品类”“怎么选择品类”，因为这不是最关键的问题。最关键的问题往往是隐藏式问题，如“哪个市场机会能够使你的发明、创造产生作用，并给既有品类带来足够的威胁”。这才是需要考虑的。虽然答案不是显而易见的，但通过一定的数据分析，总能寻觅到踪迹。这部分答案，会在后面的内容中逐步呈现。

第 2 节

新品类的先天优势

商业竞争中有一句话，“你想做什么并不重要，重要的是你的竞争对手能让你做什么”。你的竞争对手是不是留下了弱点，让你能通过商业竞争发挥出一定作用，如果你选择的市场，竞争对手并没有留下弱点，你该怎样获胜。虽然每个人都会根据问题提供不同的解决方法，但方法绝不是更努力或者低价销售，因为严格来说，这不能称为方法。这种看上去是方法的方法，已经让很多管理者陷入深深的泥沼中。

正确的方法是站在竞争对手的对立面，制造出与竞争对手有足够差异化的产品，以便获得更多顾客的支持。若遇到的问题相对复杂，我们就不能用单一的方法来处理这些问题，这不仅会使问题更加复杂，还会使问题处理者在处理问题的过程中忽视那些隐藏的致命问题，所以，适当的方式是处理问题时，采用排除法、复合法、拆解法，进行综合数据分析，找出真正的原因。

在经济层面上，新品类的诞生对于既有品类而言，不仅存在一定威胁性，也会带来合作机会。既有品类如何看待新品类，完全取决于既有品类管理者对商业竞争的理解。如果仇视新品类，当新品类出现时，既有品类管理者就会如临大敌，打压态度明确，打压手段激烈。而善于挖掘市场机会的管理者，一旦发现新品类在市场中有大展风采的苗头，会立即开启跟随机制，迅速跟进。立场不同的管理者，面对威胁时，表现出来的思维方式及行为，都会直接影响企业在商业竞争中的未来发展。所以，管理者看到的是一条小尾巴，还是一只大象，完全取决于管理者想获得经济成果的多少，以及站在市场中的对应高度。

当然，既有品类怎么想、新品类怎么做，双方是不能够完全猜测到的，但各自竞争对手可能采取的下一步行动，是可以预判提前知晓的。相对而言，新品类的行为具有入侵性，既有品类乐于采取防御性行为，因为新品类处于一个0市场、0利润的处境中，它需要尽快打开销售市场，才能获得所需的生长养分，长时间的不创收可能会让新品类陷入发育不良的处境中。双方通常会在前期初步的试探中了解双方实力的强弱，如果无法了解到对手的真实情况，则会通过进一步的交锋试探出虚实，计划好下一步行动。

新品类对既有品类的态度同样直接影响其接下来行动。例如，新品类对既有品类的威胁性，就体现出了新品类在资源上的投入会在攻击性、攻击力等方面直接影响双方市场上的顾客群体，而攻击频率、攻击程度、攻击范围直接决定了新品类的市场份额、净利润及市场定位。

通常，新品类在市场中的成功程度，完全取决于自身的差异化，即其为顾客带来的价值。如果新品类的价值大于既有品类的价值，新品类日后在商业竞争中的获胜概率是高于平均值的，当新品类的价值远高于既有品类时，其在面对既有品类防御时，可能会轻松击破对方的防御壁垒。在这点上，新品类战胜既有品类需要花费的时间，与新品类的竞争力、竞争优势及资源投入、理论应用有着直接关系，也与既有品类采取的行动有着直接关系，与既有品类的抑制速度、抑制范围、跟进速度、胜败场数等有关。

有时候，虽然新品类的优势异常明显，但迟迟拿不下既有品类的市场份额，原因可能在于既有品类在采取消耗战术，想通过远远高于新品类的数倍资源，将新品类稳稳地压住，同时建立起自己品牌的新品类，并取代这个竞争对手。或许新品类的胜利需要一年、三年甚至更长的时间，但丝毫不会影响新品类在这段时间的发展，因为一个新品类的出现，就预示着很多品牌的出现，这些品牌也会投入很多资源对既有品类发起猛烈攻击，在这个阶段，胜利不仅属于个体利益者，还属于群体利益者。一旦赢得胜利，新品类的每个品牌都会收获数倍于当前的市场份额及净利润，这是极具诱惑力的。

所以，这也是新品类带着差异化进入市场，比较容易开拓一个全新市场的原因，这时候几乎不存在市场阻力，可以在市场上轻松打造出一个全新的领导品牌，并通过领导品牌获得优先占领新品类的机会。

为了获得这种市场上的机会，企业需要发明、创造什么样的新型技术以便最终成为该领域的领导者？西门子没有因为发明了发电机而去发展电气铁路，发明发电机是因为他意识到电气铁路是一个举足轻重的行业，其对市区内的交通、跨市交通的影响力是举足轻重的，但是电气铁路需要电动机提供牵引力。同样，爱迪生没有因为发明了实用的电灯泡而去设计第一盏电灯或第一个发电厂。从这点上看，发明、创造的考虑方向应该是以有效为主，所产生的成果也应该以有效作为判定标准，不能单纯地追求经济效益，忽视真正的革命机会。

两个伟大的创造者并不能单纯地定位为第一个真正“吃螃蟹的人”，因为这无法充分诠释他们给全世界带来的改变，他们为新品类分辨出了“新的知识以及新的能力”，并为新品类的发展提供了无限机会，在构建新品类上提供了所需的新知识、新理念、新技术，以及让其迅速发展的最多的资源。或许应该说，他们是载入史册且名副其实的“新品类规划师”，他们创造的产品不仅使用期限长，而且缔造了新型行业；不仅提供了新型设备或新的设计方案，而且实现了经济机会的最大化效用。

第3节

品类联盟

对中小企业而言，发明、创造出一款伟大的新产品，甚至开创一个全新的市场，难度是不言而喻的。但这并不能成为阻碍中小企业创造新产品的原因。挑战高难度的事情，是中小企业立足商业竞争应面对的事情，否则可能就错失了在商业竞争中崭露头角的机会。

那中小企业应该怎么开展这项工作呢？首先，保持足够的敏锐与警觉，当发现自己处于不利竞争的位置，或者竞争对手正不断超越你时，你需要改变。关注竞争对手，因为一名优秀的将领，不会去攻打与目标无关的要塞，他们的眼中只有一个目标，那就是“不断取胜”。

其次，企业在弱小时期，应该尽可能地“集结联盟”，汇聚一股强大的力量，当需要外力支援时，这部分力量就可以挺身而出。我们知道，银行中的存款就像盟友，它们等待着借款人前来贷走这部分资金，这样不仅借款人能利用贷款来解燃眉之急，而且银行也可以收取利息并永续经营。盟友的作用同样如此，企业只需支付相应的报酬，就可以使用部分力量，取得胜利后，大家举杯共庆、共分财富，这对大家来说是利好的事情，是双赢。

无论是借钱还是借力，企业都需要处理好与合作方或盟友之间的关系。合作方会在给予企业足够支持的同时，要求企业达成契约条件，这是双方之间简单且清晰的关系。通过这种策略，企业能够在新品类的未来市场中驰骋；反之，束手束脚，不利于企业在市场上大展宏图。

一百元钱的买卖远远不如一千元钱赚得多，一个人的力量同样不如十个人的力量大。

当然，想要在商业竞争中取胜，果断仅是关键因素之一，还要逐步积累自己实力，这会让企业攀升得更加轻松，毕竟，拐杖和轮椅都是外力，无法取代双腿，只有腿足够强壮，支撑住企业的身体，企业迈出去的步伐才是稳健的，才能有雄心壮志去追逐梦想。所以，中小企业需要做的是，提升自己在当下环境中的能力，以便在未来更惊险、更刺激的竞争环境中发挥出足够的力量。

综上所述，借钱与借力都是借助外力，是取得胜利的方式之一。在新品类的形成过程中，借助外力与新品类之间存在哪些直接关联？外力对新品类的成功能起到多大的影响？在此，我们需要了解一个新词“品类联盟”。我们将给出品类联盟详细的解释，并论述品类联盟与新品类在各个发展阶段的密切关系。

什么是品类联盟？显然，仅定义为新词还不足以让大家感受到其蕴含的蓬勃力量。这是一个新领域，这个领域的诞生对新品类的成长起到了至关重要的作用，尤其是对部分中小企业而言，品类联盟在其进行新品类相关活动时，能提供最直接、最有效的帮助。部分企业已经在日常经营中运用了品类联盟的力量，并且改变了部分管理者关于新品类活动的一些固有认知及行为。

从字面意义上看，品类联盟无外乎是：

· 多个企业的组织；

· 互帮互助、多方共赢的团体；

· 实现在新品类科技、教育、环境等领域的相互合作；

· 为新品类的发展提供帮助的一股更大的力量；

· 可共享技术和原料成本，为企业的跨品类竞争和日常经营提供帮助。

上述是对品类联盟的简单解释，它的作用仅是这些吗？当然不是，对不同的管理者而言，其所认识的品类联盟及真正作用不尽相同，但品类联盟的核心作用就是为新品类提供各阶段发展上的支持，也可以理解为持续护航。

大部分管理者进行新品类活动时，几乎都是以垄断的状态让新品类孤独发展，这种方式不能说不正确，但对新品类的发展而言不是最佳、最有效的一种方式，而且对于管理者及利益相关者的考验也非常大。那为什么管理者还采用这种方式呢？他们这么做的理由是“自己投入这么大，凭什么将成果无条件分享给别人”，虽然有一定道理，但是他们不知道的是，市场竞争其实早已对产品、对成果明码标价，不存在免费之说。

这种方式，虽然看上去可以将企业的利润最大化，但其实让企业和管理者走了许多弯路。他们根本就没有考虑过“新品类的未来成就之大、吸引力之广，闻风而动的人必然不在少数”，仅仅依靠自己而拒他人于门外，是不可能的事情。

既然是不可能，那我们就必须知道，新品类的开创者虽然能够占领市场的大部分份额，但无法做到绝对独享。无论是竞争对手，还是供应商或者顾客，都不会让市场被独占，他们需要的市场是“可选性”的，并且是“淘汰制”的，而不是一家独大。

确实，新品类活动无论在哪个阶段，对资金的需求都是持续性的、庞大的，还会面临同质化产品的、低价产品的打压，还会受因为发展缓慢而错失机会等问题的困扰。但是孤独发展，新品类面临的必然是双拳难敌四手的局面。

既然知道有些问题是必然发生的，在叹息无奈的同时，只能顺其自然、怀着宽容的心境去接纳某些无法改变的结局，这不仅对自己有好处，对转化成盟友的竞争对手而言，同样有好处。

顺其自然并不意味着不作为，或者没有选择地接纳一些问题的发生。实际上，这些问题的发生来源于它们存在的致命性因素，管理者要做的是将这些问题的存在空间和发展空间缩小，从而获得更加有利自身的竞争地位。

看看周围，管理者会发现，模仿与抄袭其实一直在，但是具有盟友关系的企业可能会感觉到这些情况在减少：对资金的需求变小了、受到同质化产品的侵害少了、低价产品的生存空间急剧收缩了、因发展缓慢而错失的大部分机会也及时挽回了。这些情况的发生是有原因的，主要是联盟关系促使个体与群体在管控、干涉方面良性经营其所具有的品类，这些优点被明显放大了。

例如，在汉堡品类、汽车品类、房地产品类、医疗品类以及电商品类中，都不缺乏盟友关系的存在，虽然为了争夺更多的养分，这些个体日常经营也会竞争，但对待一些关乎所在品类关键发展的问题上尤为团结，此消彼长之间，让外敌的攻击无法轻易地落到实处。例如，某些强大的既有品类长久地盘桓在一个市场中，所积蓄的经济实力往往是极其雄厚的，当它们发现新生的品类对自身的市场地位产生威胁时，既有品类很可能会对新生品类发起猛烈的进攻，受攻击的新品类因为诞生时间短、弱小等原因，很难抵御，独立抗衡的下场就是被无情地毁灭。如果这些品牌把各自的力量整合到一起，既有品类想通过一场战役，一夜之间击垮它们也是不容易的。当然，如果发现新品类还存在一定价值时，它们还会使用一种“甜言蜜语”的毒来攻击你，那就是恶意并购。

管理者对此还有疑问：品类联盟真的可以解决这些问题吗？

是的，正是因为品类联盟能够解决这些问题，它才会诞生。品类联盟的作用远远不止于此，不仅能提高新品类对既有品类的进攻性与整体的竞争力，也能提高新品类抵御既有品类进攻的防御性与整体的壁垒强度，这对寄居其中的品牌而言，无疑是有利的，包括直接从所在品类中获得足够的市场份额与净利润。这是守护品类的回报，而参与这场战役的同盟方，都能获得足够的奖励。

由新品类组成的团体联盟是新品类联盟；由既有品类组成的团体联盟是既有品类联盟。这两者都可以称为“品类联盟”。当然，由此形成的还有改善性品类联盟，虽然某些管理者对于该类型联盟定义的不是特别明确，认为与改善性品类有着直接关系，但是实际作用在联盟上，效果还是一样的。品类联盟的作用绝不仅是书中所提到的，其作用对品类选手而言，如同一个宝藏。宝藏中蕴含的财富需要各参与者立足所处的品类中去细心探寻，至于探寻到的是武功秘籍还是矿产资源，最终只有参与者知晓。对于这部分知识，各参与者应该采用分享的方式，推动品类联盟发展壮大。

众所周知，联盟的存在是为所在的品类服务。在联盟建立之初，几项核心作用需要明确，以便建立之后，联盟能够朝着正确的方向发展。如，联盟的存在是：

- 提高新品类商业化的成功率；
- 降低品类面对商业化时的风险；
- 为新品类创造更大的生存空间；
- 让不同的个体实现相同的目标；
- 在与巨型企业竞争时，可以用团体力量抗衡；
- 挖掘更多、有效的市场机会，提高新品类未来的竞争力；

· 适度驱赶同质化发展及低价销售，确保新品类能够获取充足养分；

· 让更多寄居在品类中的品牌生存下去，并能够获得更多的市场份额与净利润，包括股值的增长。

我相信，品类联盟的作用、建立目的已经明确了，接下来就是如何做。开展新品类活动是品类联盟发挥作用最大的场景，因为新品类活动主要存在这些劣势，如：弱小、缺乏资源、缺乏影响力、缺乏关注度、失败率高等。这些劣势是伴随着新品类的形成而出现的，而且对比后发现，这些劣势是品类联盟建立的初衷。尽管如此，我们还是要把注意力转移到新品类上，在新品类接触到目标顾客之前，应该将一些准备工作做好，或者将这些问题处理好，否则就会出现新品类对新环境水土不服的情况。建立联盟之后，基于群体的力量，大家齐心协力解决这些问题，并不断地将新品类加以优化，这是最好的解决问题方式。在这一点上，群体力量绝不是个人力量所能媲美、抵抗的，或者阻拦的。

品类开创者，可能不愿意组建联盟。但是现在竞争环境变了，如果品类开创者都不愿意积极地去做这件事情，那么新品类的未来发展前景是令人担忧的，而且品类开创者很有可能迅速受到所在品类的其他品牌的联合攻击，并不断被边缘化。因为在联盟形成前，每个品牌都有可能是竞争对手，很多品牌乐于看到，功劳最大的开创者在分享成果前就消失在市场中，这样其他品牌就有机会瓜分、继承它的市场份额。

2019年的空调大战，是格力和奥克斯这两个空调品牌间的战争。那时，格力通过微博，直接公开地向国家市场监督管理总局举报奥克斯，说“奥克斯在空调参数上造假，生产及销售不合格的产品”。

格力作为空调品类的大品牌，话语杀伤力可谓巨大，这次举报对奥克斯的打击很大，给奥克斯的品牌价值带来诸多损害。面对强大的竞争对手，奥克斯没有选择沉默，随即回应自家空调质量是符合国家规定的，格力举报不实，并反控格力采用了不正当竞争行为，同时向公安机关报了案，奥克斯的反击同样强硬。

格力和奥克斯各执一词，谁也不肯退步，经过两次审判之后，该案件才有了最终结果。一审中，宁波中级人民法院对原告（奥克斯）涉案专利相关的两个型号的空调产品所主张的经济赔偿 9600 万元和 7060 万元的诉讼请求予以支持。被告格力面对一审判决，表示不服，并很快提起上诉。二审中，奥克斯所持有的专利被全部认定为无效，二审判决结果是"格力不侵权"。

然而，这两家企业的商业竞争并没有就此结束。奥克斯继续努力地为自己辩护。2021 年，格力与奥克斯之战，迎来了第三次裁定结果。宁波中级人民法院判定，"格力电器需要赔偿奥克斯合计约 1.67 亿元"。

在双方这场不流血但极度损耗时间与金钱的"战争"中，实际的受益者诞生了，那就是美的，美的从始至终没有参与二者的竞争，而是默默地积累自己的竞争优势，并不断谋划未来的发展。

相关数据披露，截至 2021 年 12 月，国内电商空调品类市场中，美的空调的市场份额为 36%，同比上涨 2 个多百分点；格力空调的市场份额为 33.43%，同比下降 1 个多百分点；奥克斯的排名则在十名开外。

奥克斯虽然也是大企业，但是对比格力的"雄厚"，还是略显不足，其实它应该把主要精力用于自身发展上，这场官司下来，最终结果是"杀敌一千，自损八百"。

有些品牌不习惯于联盟，认为单打独斗会更好，自己力量足够强大，似乎不需要依附团体也能发展得很好，但实际情况是，靠一己之力推动新品类发展，确实不如群体推动发展得快，而且成功率也会低许多。

单打独斗会产生许多问题。单打独斗运用的只是个人力量，个人力量始终无法与群体力量抗衡，其所发挥的作用也是有限的。我见过许多胸怀壮志、满怀热情的管理者，将某些确实很成功的新品类推向市场，但是迎来的往往不是热情高涨的目标顾客，而是令人讨厌的模仿者、跟随者，这些模仿者、跟随者会以牺牲品类的利益为代价来换取大规模的低价销售、同质化发展，真正得到的利润却是微薄的。

例如："难吃的瓜子"与"橄清"，刚进入市场时，因其有着合理的定价、明显的差异化，或许小部分群体早已厌倦了货架上的既有产品，所以受到了这部分群体的关注，他们对这些新产品给予了一定的支持（但不是认可）。购买新产品群体的大部分是站在潮流中的顾客，他们愿意给予新产品足够的试错机会，同时也为新产品带来了一定的话题、热度。

看看现在，在货架上，似乎很难看到此类产品的影子。因为这类新产品的出现，依靠的是灵光一闪，而当灵光消失且无法持续产生灵光时，新产品的发展后劲不足，很难持续辉煌。商业竞争中缺乏流程性、标准性的引导，打造出来的新产品往往可能是问题品类、运气品类、潮流品类中的一员。其实，若管理者从长期发展视角来打造产品，给予新产品一个“完整的培育空间”及“全新的培育环境”，它们可以变成主流品类的。

完整的培育空间及全新的培育环境的营造往往需要高层管理者或者具备丰富商战经营管理者的直接支持。

完整的培育空间及全新的培育环境，指的是为“新产品创造一个良好的诞生环境、生长环境、发展环境及外部竞争环境”，这些离不开新产品的清晰差异化、明确的定位，与流程性、标准性也有直接关系。

但往往现实中，许多管理者连企业员工在做什么、能发挥多大作用，都不是特别清楚，基层员工也极少了解管理者的工作内容。这就导致彼此间的不畅通，导致管理者做出新产品在市场上的一系列错误决策。这类企业往往没有形成良好的商业思维，也不知道良好的商业思维会影响后续的一系列行动，不知道不确定性左右着新产品“朝着错误或正确”“良性或恶性”的方向发展。

从自身而言，企业管理者无法让潮流产品取代主流产品的原因，或许是他们“根本不敢想”，他们会认为目前的生存状态挺好的，只要新产品能够盈利，他们就能滋润、潇洒地活着。于是，就把手中的金锤子当成铁锤子一样使唤，埋头扎入那些只能获得小利小惠的市场中，且乐此不疲。归根到底，现阶段赚取多少利润，是昨天努力的结果，明天能赚取多少利润是今天努力的结果。企业不能总是凭借“灵光一闪”来进行商业活动，因为“灵光”并没有那么好找。企业需要做的是，以正确的思维方式系统思考、布局商业竞争，让“灵光变成阳光”，并采取措施确保日后的每一天都能光芒万丈。当然，少出错，多做正确的事情，也是走向成功的关键。

市场上经常出现一些潮流，但潮流如同流星一样一闪即逝。大部分新产品总是会遇到“小时了了、大未必佳”的局面。我们能看到，长年立足于货架上的是那些少部分得到系统性指导的新产品，它们才有足够的机会取代既有品类，成为一个健全的新品类。这部分品类的市场份额与利润才是最稳定的，企业也不必总是去寻找“灵光一闪”的新产品。当然，取代不会像诞生一样“一夜之间”就出现，取代往往意味着长时间的拉锯战、逐步的蚕食。企业要想取得拉锯战的胜利，需要有足够的耐心。

至此，我们能统一立场，企业的最佳状态是：少量出击、长期成功，这应该成为企业的追寻目标，也应该是企业立足商业竞争的座右铭。

同时，我们还要看到，潮流产品出现后，往往会迅速出现成群式、扎堆式的模仿者或抄袭者，这类群体犹如吸血鬼，极大地伤害了新产品的“优良基因”，导致新产品在发展上处于被动地位，甚至生存空间会被急剧地压缩。此时，开创者的情绪往往是极度愤怒、无力的，他们不知道如何是好，不知道运用哪种方法可以拯救企业，并摆脱这些模仿者或者抄袭者，这种感觉很无力，就似眼睁睁地看着自己的钱被捡走，还没有能力讨回。但是对经验丰富的管理者而言，这已经是市场上的常态，因为他们知道“错误的开始，必不可能会带来正确的结局”。

市场中有一种现象很常见，每天都有人在寻找新机会，等待新产品的出现，并期待能以捡漏的方式获取，有人称其为“找项目”或“找市场机会”。他们趁着当下市场的热度，发现市场中出现某些具有趋势性的新产品后，立即开启模仿、跟随的形式，开始之处这部分群体抢占市场的过程异常顺利，似乎进入了一个没人防守的市场，如鱼得水。

实际上，他们通常面对一些风险，不仅有来自他人的风险，也有来自自己的风险。他们看似不知疲惫地、不停地走在自以为前进的路上，实则他们停留在原地，甚至再也寻找不到合适的项目，处于退步的状态。

如果我们把自己定义为开创者，我们难道还不团结起来，在保护自己的同时，奋起反击吗？

当开创者辛辛苦苦地“孵化”出某个新产品，随着新产品的上市，却有众多模仿者闻风而动，新产品开创者应该如何应对呢？独自面对，大力限制，这根本是行不通的，也无法有效阻挡模仿者，没有谁可以独自应对大军入侵的。大力限制，也是治标不治本的，开创者可以限制当下的模仿、跟随行为，却没有精力限制未来的、潜在的模仿、跟随行为。耗费过多精力于此，就更没有精力发展新产品了。通常情况下，管理者只能无可奈何地叹息。

所以，应对此类情况的最佳的方式是运用群体力量。倘若开创者运用群体力量推动新品类的发展，可邀请某些竞争对手或合作伙伴共同参与，竞争对手可能就转移阵地，甚至在关键时刻临阵倒戈，有可能为开创者提供很大的助力。这种情况下，开创者并不会损失很多，相反，得到的只会更多，不仅避免了“木秀于林”而“风必摧之”的局面，还能获得援军的支持。这些援军力量，是开创者允诺了一些未来的机会获取的，几乎没什么成本与负担。

所以，我们要理解品类联盟的作用，群体力量必然优于个体，这不仅能够帮助新产品成为真正的新品类，而且还提升了新产品在未来商业竞争中势如破竹的气势。市场上还有诸多取代既有品类的方法，但这些看似实用但实际使用难度高、代价高昂的方法，远非中小企业负担得起，大抵上只有少部分大型企业才能采用。从本质上而言，这些不利于传播及使用的方法都是利私不利公的。利私寡助，利公多助，这一点在商业竞争中同样不会改变。

如果开创者足够公平公正，在保证自身利益的情况下，对其他利益进行合理分配，并给予盟友相应的回报，那么无论什么类型的竞争对手都能转变为合作伙伴，对未来的竞争对手，也不必心怀忐忑，双方会以彼此满意的方式合作。在双方共赢的条件下，合作伙伴会与开创者齐心协力、共同谋划新产品的良性发展，并为将新产品转变为新品类而奋斗。恶性的、彼此伤害的商业竞争从本质上说，实在令人乏味且身心俱疲。

有人认为品类联盟的成立只是为了获得某些特有的技术，这种观点是错误的。这其实是利己而不利公的主观想法，持有这种想法的人，眼光是比较短浅的，思考得不够深远，他们没有看到未来品类联盟带给自己的利益、希望，以及其发挥的作用不是保密特有技术所能比拟的。众所周知，技术会随着竞争的加剧而被市场机制无情地淘汰，虽然技术也会不断地更新，但这不意味着你的技术就不会被淘汰。相反，市场上大部分特有技术可能比你的更有价值，同时所发挥的作用也更大。

随着新产品的出现和品类联盟的建立，公开自己的技术意味着为自己、为竞争对手打开了一扇财富大门。公开技术的行为就如雪中送炭，无论这种行为是否会被其他盟友认可，但很可能为自身的后续发展提供了一层保护膜。不公开技术需要付出足够的代价，那就是将自己孤立，并且与所有盟友对立，这类企业在商业竞争中可能面对的是更激烈的竞争。

大家应该听过这句话，“没有永恒的敌人，只有永恒的利益”。在新产品初始发展阶段，谁是竞争对手并不重要，因为此时不存在过多的丰厚利润，真正的丰厚利润是在新产品成为新品类之后的盛年期产生的。假设新产品无法摆脱“改善性品类”的身份，那么也就无法真正成长为具有变革性、颠覆性、差异化的完健品类，这时候还在思考未来利润，无异于天方夜谭，重要的是如何把竞争对手转换为合作伙伴，与这些合作伙伴共同发展才是英明的举措，也是适合中小企业前行的光明大道。

有些管理者认为公开特有技术会让自己暴露在公众视野中，甚至让自己没有了底牌，会便宜那些坐享其成的“竞争对手”。这样的观点虽然有一定的道理，但也有一定的片面性。归根结底，我们要明确自己在意的是形式还是结果。我们不能只考虑这些，这样会把合作伙伴推向门外，从而孤立了自己，这对自己是没有好处的。

真正的特有技术，应该是以造福人类为首要目标，而不是以自身拥有、创造利润为首要条件。如果能把社会群体放在第一位，那么在履行社会责任上，我们就已经站在了高处，有可能收获到的是顾客也将你放在首位。这种经营理念不仅能让新品类发展得更好，而且缩短了取代既有品类的时间，加速了其他品牌在新品类中的崛起速度，而品牌之间互通有无、信息交流顺畅，彼此加强、进步也是积累新品类发展势能，让管理者获得更好利益的直接体现。

人是群居动物，每天都要接触形形色色的人，任何一个人都不可能脱离群体而独自生存。企业在商业竞争中要履行企业社会责任，要获得经济效益，就不能独自发展。这里讨论的不仅是公开技术会给企业带来哪些利弊，而是如何利用技术获得成功，虽然过程不同，但是通向结果的路径是一样的。如果企业肯主动迈出第一步，大力推动品类的发展，并让对应的目标群体、社会感受到了真切的善意，顾客自然不会辜负企业的善举。特斯拉和丰田对技术进行了开放，从表面上看，两家车企直接损失高达数十亿美元，但实际获得数百亿美元甚至数千亿美元的经济回报。

如果企业一味地将暂时还未转换为经济成果的技术当成价值连城的秘密武器，那么可能就独居一隅，可能面临有价无市的风险。因为要推动一个新品类的成长、壮大至具有足够抗衡既有品类的实力，需要的不仅是一家企业的多项技术，还需要海纳百川、吸取众家之长，才有可能走到这一步。当然，这一步是在大家众志成城的前提下完成的，要吸纳多家企业参与，获得多项技术支持，才能形成一个健全、庞大的新品类。

若因为自持技术而认为自己与他人有着明显的价值区别，那么无疑是把自己局限在一个狭窄的圈子里，而不知他人之好，这种自以为是不仅影响自身的发展，还有可能使自身错失参与的机会。当品类联盟逐渐形成后，某些企业再想加入可能为时已晚，要么是准入条件已经提高，要么自持的技术已然逊色，一手好牌就成了烂牌。所以，无论是新品类的开创者还是参与者，建立与加入品类联盟都是宜早不宜晚，最佳的建立与加入时机应该是在新品类准备工作前就开始筹谋，然后在规划的时间内有序开展。

思想传统的管理者，喜欢固守自己的一亩三分地，可能前期他们自身拥有巨大的优势，但随着市场竞争的加剧，联盟组建后管理者对于技术搭配使用得更加得心应手，他们的弱势则会暴露出来。众所周知，技术会不断更新升级，而技术与技术之间的相辅相成能够发挥出更强大的组合实力。对比单项技术或功能性单一的技术，组合性技术对于外部市场的顾客，明显更具有吸引力，而组合型技术的竞争力和抵抗风险的能力也会比单项技术或功能性单一的技术更强。

过高地估算自身优势，可能使自身朝着反向发展，那就是不断变弱。研发出一项技术或功能性单一的技术，对科研小组而言并不是太难的事情，难的是如何促使技术产生经济效益。2021 年，国内发明专利的申请量就接近 159 万项，专利技术还分为发明专利、实用新型专利、外观设计专利等。如何确定你的专利在对应品类中具有优势、派上用场，需要应用到品类中进行验证。或许你自持的骄傲技术于他人而言不过是鸡肋，或许你自认为没有价值的技术应用在其他领域则可能带来突破性的创新，这些都需要根据具体的效用、发挥出的经济成果来评估。

持有巨大技术优势的企业，作为联盟中的一员，在分享自己技术的同时，也享有、借鉴别人技术的权利。这是与未加入联盟中的其他竞争对手的明显区别，其获得的利益、能量以及后续在商业竞争中的一系列行为，都会受到品类联盟的庇护。加入联盟并成为该成员是发展新品类的有效路径。

所以，创建品类联盟时，需要明确指出：品类联盟不是某些企业的私人办公室，而是分享利益、承担责任的共同体，不允许一言堂的存在。在这里，能感受到品类联盟内的技术在不断更新，你可以从中感悟，在商业竞争中不断地自我突破，品类联盟的影响力也会随着新品类的发展，不断增强。

第4节

寻找真正的盟友

新品类联盟在市场中是发挥积极作用的，所以选择好盟友至关重要。

品类联盟对盟友的选择是有要求和底线的。

最高原则就是最低底线，具有良好原则的联盟环境，才能诞生出促进品类发展的肥沃养分；没有原则的联盟环境，通常养分是贫瘠的、稀少的，甚至是不存在的。品类联盟要吸纳的是这样的盟友：可以带动品类的发展节奏，他们会以品类的最大发展为首要条件，不断帮助其他品牌提升自身实力，在这些品牌强大自身的同时，共同把品类推向制高点。有些竞争对手只会把一池净水搅浑，虽然他们不是带有恶意的，但是他们的行为或者实力可能是让人失望的，为他人制造麻烦而浑然不知。这类竞争对手通常不被纳入盟友的考虑范围，否则，极可能让品类出现“前途不明”的情况，甚至损害整体联盟或者联盟成员的利益，并且阻碍品类的未来发展。

所以，品类联盟在吸纳盟友前，就要设定一定的规则，可有效避免后面的一系列麻烦。前文曾经提到，联盟的建立与加入是要在规划的时间内有序开展，仓促吸纳一些不合适者，必定会造成联盟架构上的不兼容，影响品类的未来发展。

在吸纳盟友前，品类联盟的开创者或者组织者要进行定量筛选。目标一致、志同道合者才有可能在未来共同推进新品类的发展，为新品类的发展出谋划策、添砖加瓦。道理很简单：目标不同会导致发展意见分歧，“有人觉得品类应该先赚取短期利润”“有些人觉得长期利润才是根本”，这些分歧于品类发展是不利的而且危害性大，严重的可能导致新品类的四分五裂。所以，统一目标，并让这些目标相互兼容，是带领品类发展的关键因素。这也要求新品类的开创者或者主力选手，在新品类的市场活动中发挥主要作用、担负主要责任。

要控制盟友数量，多吸纳干实事的盟友。随意吸纳一些滥竽充数者，必然导致联盟内的其他声音过多，甚至他们各有想法，等他们获得足够利益后，就翻脸不认人了，最后可能不仅无法发挥品类联盟的作用，反而拖了联盟的后腿。如此吸纳进来的就不是盟友而是黄鼠狼了。

盟友目标一致，合适的人去做合适的事情，联盟就会相对轻松地做出一番事情，并且尽早击破并取代既有品类中那些单打独斗的品牌。想要获取相应的市场地位，就不能懈怠，更不能惧战。

建议联盟成立时，确定好内部职责并分发下去，尽可能清晰地描绘出接下来的目标，形成“战略征服蓝图”，先集中全力攻占某些规模小、利润较高的市场，然后以此为根据点继续攻占其他市场。记住：严格控制攻占每个市场的时间。

一旦盟友的工作井然有序地进行到对应的关键点，接下来要发挥作用的就是另外一些盟友，他们也要极力完成相应的事情。完成任务的盟友在用心经营所攻占的市场的同时，要作为辅助人员为关键点的工作提供帮助，为新品类的进一步发展提前做好铺垫，为加大新品类对目标人群的影响做好铺垫，这些能够为新品类的发展积攒足够的势能。

控制并限定一定数量的加入者，就如同厂家清理临期产品，临期产品不能完全没有，但也不能数量过多，否则就适得其反。

奉行低价销售与同质化发展的盟友，可看作“阶段性伙伴”，这部分盟友的品牌定价、销量在联盟中需要严格控制，而且在联盟成立之时，就应该有明确的规定。

如果定价低、同质化严重的产品过多地输送到市场中，那么新品类可能面临的就是营养不良的局面，这会极大地影响真正产生品类价值的那些品牌的未来发展道路。

“阶段性伙伴”的产品在喜好小便宜的目标市场上能发挥作用，而其他目标群体的选择可能是低端品牌、中端品牌、高端品牌，甚至顶级品牌。以往情况是："一个品类通常是由不同价值的品牌组合形成的，这个品类处于什么层级，完全由品类的主力品牌决定"。

现在不同了，一个品类价值的高低、存活时间的长短、所占有的市场份额，以及赚取的利润，甚至品牌数量的多少，是由联盟中的主力成员决定并控制的。这被外界看上去如乌托邦式的竞争，显然并不是所看到的这般简单。因为联盟主力成员需要对新品类有全面的了解及计划，才能得出这些相关的结论。

品类联盟的成立并不意味着不需要竞争，反而还加快了淘汰某些不努力者的速度。不当的竞争方式可能会让品类联盟成员间的关系愈发紧张，因为缩短了竞争距离和加快了竞争速度，一切可能影响竞争结果的事情都可能导致竞争愈加的白热化。品类联盟带来的一系列作用，虽然减少了一些不必要的竞争，减少了资源的浪费，并缩短了新品类取代既有品类的时间，但实际上并没有改变竞争的本质。

品类价值的确定主要是通过联盟内协商、分管、引导的方式进行的，并利用顾客认知产生结果。也就是说，目标群体的认知在判断品类的真正情况时，可能略有偏差，实际上并不会影响顾客关于新产品的购买决定。

品类联盟的控制权通常在拥有较大市场份额的主力成员手中，也有可能在开创者或顶级品牌手中。例如，东阿品牌始终控制着驴皮在市场中的流通量，满足自身所需要的驴皮量都捉襟见肘，如何还能有足够的原材料供其他"阶段性伙伴"使用呢？

又如，三星电视机在2022年第一季度的整体销量为4900多万台，已经"持续16年蝉联全球电视机品类市场中的第一名"。其在全球电视机品类中的市场份额占比为22.5%，但销售额占比接近33%，三星电视机不仅是市场份额最高的品牌，也是销售额最高的品牌。

当然，三星电视机的均价远高于其他品牌，在QLED电视机市场上有着出色的表现，份额高达76%，而且在2500美元价位段以上的市场上，三星的市场份额为49%。

无论是从销量还是从高端市场的占有份额来看，三星在全球电视机品类中都是天花板的存在，纵观其发展历程，我们就能发现三星开创了电视机品类的数个第一。

1977年，出口了世界上“第一台彩色电视机”。

1995年，发明并开创了“33英寸双画面电视市场”。

1997年，发明并开创了“第一个30英寸TFT-LCD”。

1999年，发明并开创了“全系列数字电视”。

2002年，发明并开创了“54英寸TFT-LCD数字电视显示器”。

2005年，发明并开创了“102英寸PDP TV”“82英寸LCD TV”“71英寸DLP TV”。

2012年，发明并开创了“55英寸OLED电视”。

所以，品类联盟的话语权通常掌握在强者手中，自身实力的高低会对新品类的未来发展产生巨大的影响。

开展与竞争者在新品类活动上的合作，最终形成品类联盟，这在过去是许多企业无法想象的，但现在已然成为有效合作的最佳途径。这种改变让企业不再将研发视为纯粹的内部活动，因为相对传统的自主研发，现在的企业更加关注有效信息的发掘、对外部市场的研究、最新技术的整合与应用，从而达成自身在进行新品类活动时提升整体能力的目的。

我经常说：任何公司研发经费达到营业额的7%（根据时代变化）时，公司都应该积极引进外部研发资源，开展合作，否则自身就会因为研发资源的不足而逐渐丧失竞争力，或者因为研发费用过多而影响储备资金的使用。

同时，我的团队成员认为：研发活动关系到企业的核心竞争力，所以企业必须开展技术研发。

但要记住一点，如果研发成果无法为核心业务带来有效帮助，那研发是没有任何意义的，还会浪费有限的资源。所以，当企业发现自己的技术研发成为拖累，甚至在某个阶段无法为企业带来实际价值时，如果想产生巨大的投资回报，最佳方式就是迅速吸纳外部资源为己用。

企业的发展需要盟友，盟友的衡量和选择，要由共同利益、共同目标、长短期发展决定，志同道合者走到一起，才能共谋发展，并把背后放心地交给合作伙伴来守护。建立之初，联盟确实存在比较多的问题，虽然每个盟友都有各自的目标，但是大方向是一致的，这就是可行的。品类联盟的职责如下所述：

· 建立新品类的市场体系；

· 提高加入新品类发展的准入门槛；

· 为新品类、品类联盟及对应品牌设计出一个高识别度的商标；

· 在新品类中建立高质量、高差异化的品牌；

· 提高整体品类的回款周期及购买速度；

· 不断吸引更多具备差异化的盟友加入；

· 为新品类及联盟谋得更多发展资金、储备资金；

· 打通新品类供应链关系，实现纵向一体化；

· 开展公益事业时，树立顾客对新品类的信心；

· 推动品类联盟不断朝着好的方向发展；

· 为新品类的各个阶段建立不同程度的竞争壁垒；

· 帮助更多的管理者建立自己的差异化产品；

· 维护好品类联盟的公关宣传，让新品类与社会舆情存在联系。

这些都是品类联盟在市场竞争中为提高新品类的竞争力应开展的重要工作。做好这些工作，不仅有助于新品类在市场中快速建立自己的影响力，还能与既有品类形成明显的区隔，直接帮助顾客识别出品类中蕴含的价值，迅速建立顾客与品类之间的黏性，甚至促使顾客做出购买决定。

5 第节

强势品牌VS弱势品牌

一个成功品类中的大部分品牌都是高度强势的，如汽车品类、房地产品类、医院品类、保险品类、金融品类等，顾客几乎没有议价能力，主动权掌握在卖方手中。

既然自然的市场发展带来了一个成功的、显而易见的结果，那么企业是否可以通过品类联盟构建“强势品牌”处处伫立的景象呢？

答案是显而易见的。

但是建立强势品牌之前，企业需要做好品类定位。例如，面对疑难杂症，很多医生会建议病人“去协和试试”，这里说的协和，就是北京协和，是中国权威医院之一，人才济济，实力强大，很多病患视这里为医疗圣地。这就说明协和医院的品牌不仅强势，而且定位明确，具有差异化。

因为某些品牌稀缺、具有高度差异化、定位明确，所以其与市场上一些同质化的产品形成了明显的区隔，而某些群体会将这类产品作为首要选择，这些特点就是他们衡量这个品类具有价值的重要因素。

准确的自我定位有助于品牌的成长壮大，发展形成有高度差异化的产品，而错误的自我定位、无定位可能导致产品缺少差异化，使得顾客陷入迷茫、彷徨中，不知如何选择。表1是关于电动自行车（以下简称“电动车”）品牌定位及差异化的描述。

表1　电动自行车的品牌定位及差异化描述

品牌	定位	差异化
雅迪	更高端的电动车	无
爱玛	新时代女性的车	时尚
绿源	一部车骑十年	耐用

（续表）

品牌	定位	差异化
小刀	一次充电行驶200千米	续航
立马	好车、立马行	无
台铃	超能电动车	无
新日	高端智能锂电车	无
小牛	越野SUV品牌	加速快
净原	性能好	无
速珂	高端智慧轻出行	无
金箭	无	无
五星钻豹	更舒适的电动车	无
新蕾	一次充电，里程翻倍	跑得更远
新大洲	耐用十年，更能跑	无
赛鸽	小巧、灵动	无
星光	无	无
比德文	无	无
速派奇	精准缔造专业，专注于以专业的制造和服务、精准的产品开发与营销为驾驭者带来无穷的价值	无
倍特	更智能	无
绿佳	劲大跑得远，绿佳是首选	无
九号	奇妙出行	无
欧派	更高端的电动车	无
格林豪泰	格林豪泰，值得信赖	无
牛丁	更高端的国标车	无

定位与差异化为“无”的品牌，通常竞争优势并不明显。大多数情况下，进入领域的是通才型品牌或者多元化发展型的品牌。因此，企业要清楚地了解品类和外部市场竞争，准确定位自身的产品。

某些电动车在市场中的定位是不尽如人意的，包含了一些致命性错误，未明确品牌处于品类中的位置及未来发展方向。例如，有些品牌的宣传语中使用了“更”字，在我看来，“更”字是无效用词，并未明确品牌的目标、发展方向、竞争者，今天甲企业的定位是“好”，明天的定位可能是“更好”，是明天的自己比今天“更好”还是比其他企业“更好”，没有明确；“更好”比“好”好到什么程度，也没有明确。含有“更”字的宣传语，听起来更像是一句没有经过深思熟虑就得出来的结论。或许因为定位涵盖的内容无法包括大部分利益点，或者试图包含更多的品类价值，所以某些企业才会使用“更”字。但实际上，这种定位对顾客而言是模糊的、混乱的，无法让顾客产生关联的。

我留意到电动车品类中某些品牌的宣传语就是“更高端”“跑得更快”“续航更久”“更智能”“更省电”等。不知道这些产品是不是也形成了品类联盟，否则怎么会这般过度地“武装自己”“武装电动车品类”？

我们看看其他品类中是如何有效定位的？

· 东阿阿胶：滋补国宝。

· 东鹏特饮：新一代功能饮料了。

· 小蓝象：儿童排汗睡衣。

· 元气森林：无糖饮料专家。

· 自嗨锅：自热火锅界真正的火锅。

· 江小白：青春小酒。

· 老乡鸡：家庭厨房的代替。

· 妙可蓝多：奶酪专家。

· 欧丽薇兰：国内橄榄油领导品牌。

· 小葵花：儿童用药专家。

这些定位都是在顾客心智中扎根的，自然可以作为商业竞争中的品牌定位，并表明了品类的差异化。商业竞争要求企业的有效品类定位、品牌定位，必须是清晰的、显而易见的，通常不需要顾客思考就能与之共鸣，如此企业用于宣传的广告语才能与品牌密切关联。

电动车品类中的第一差异化应该是续航时间、里程，其次是耐用、充电快、加速快、蓄电量大等。相对而言，绿源、小刀、小牛、新蕾等电动车的定位与差异化对顾客来说是有效的。但实际上，很多品牌是具有了诸多优势的，但企业没有找到与自身相符的品牌定位与品类差异化。由此可见，寻找品牌定位之艰难，是很多企业自身无法完成的。这也是某些咨询公司，仅凭借定位服务就收费高昂的主要原因。

强如雅迪，也会因为内部思维，其定位是无效的。又如爱玛，从爱玛官网上能看到“时尚的女性粉”与爱玛本身的定位之间有着足够的关联，但从醒目的Banner图上还能看到，该款车的目标群体还包括男士。时尚是与女性挂钩的，或许会影响部分男性，但女性粉绝不是男性的主流选择，两个不同群体在认知上明显存在差异。我不清楚大多数男性顾客看到爱玛这一时尚定位时，是否会愿意掏钱购买一辆女性粉的电动车呢?

这些问题可以依靠品类联盟来解决，因为品类联盟的工作内容就包含了为新品类建立一个清晰的品牌定位与品类差异化。

面对新品类的过度团结、强势，既有品类通常是失败的，因为既有品类彼此间关系淡薄，甚至只存在单一的竞争关系而不存在互助关系，最后品类中极为强大的品牌只有一两家，其他的都是相对弱小的品牌。从始至终，既有品类可能不清楚：一个新颖、短暂、弱势的品类为何短时间内就成功地取代自己，这就是不分析竞争对手成功，没有采取相应行为而招致失败的，或者独自面对新品类联盟也是既有品类失败的原因。

新品类适当地培养了一些强大品牌，也培养出部分中层力量，这让新品类在组织架构上俨然有序，更能适应未来的激烈竞争。新品类若能做好一些既有品类不肯做、不愿意做的事情，则能进一步优化新品类在市场竞争中的地位，提高新品类的竞争力，对抗既有品类时，也多了几许胜算。所以，建议品类联盟尽早成立，因为这有助于强势品牌的形成。强势品牌越早形成，意味着新品类阶段的提升，由一个不重要的品类向重要品类方向靠拢，相当于从金字塔的中层跃至顶层，可谓意义重大。这对新品类的发展也是百利无一害的，意味着该品类逐渐成长为完整、成熟的品类，不断促使目标顾客下定决心购买，同时也吸引那些非目标群体的注意力。

强势品牌和弱势品牌与新品类和既有品类有着直接关系，既有品类缺乏足够的强势品牌，是其轻易被新品类取代的原因之一。当然，这里有一个前提，就是新品类必须有一部分强势品牌，否则取代既有品类是遥遥无期的。未有品类联盟之前，强势品牌的诞生其实只能依靠企业自己。当强势品牌从竞争对手之处诞生时，企业的表现是胆战心惊，而不是喜出望外。随着联盟的成立，需要多少个强势品牌，都是有严格控制的，而主动干涉也变得频繁，这不仅与品类各个阶段发展上的布局有着密切的关联，而且与每个强势品牌的诞生、作用都是相关联的。每个强势品牌都有各自需要承担的职责。如联盟中新品类的强势品牌作用分为“正面进攻”“后方防守”“侧翼包抄”“游击行动”等，为新品类的发展提供着绝佳的发展动力，这股力量是新品类取代既有品类时的主要依仗。那么，新品类中的强势品牌是越多越好吗？不是的。一方面，国内已经出现了某品类中某阶段不适合出现过多强势品牌的情况，这是极其合理的，因为强势品牌太多，就可能出现物极必反的局面。另一方面，留给强势品牌的位置可能较少，这又要怎么解决呢？

我提出了一个既能增强彼此间合作关系，又是多方共赢的方法，那就是在这个基础上：“联盟所在的成员，共同承担对应的职责，同心协力打造出一个联盟共同体的强势品牌”。这个强势品牌的优点特别明显，那就是它的存在意味着联盟有了固定资产，盟友有了共同财产。

新诞生的强势品牌的作用在于它仅适用于联盟内部的发展，其赚取的所有净利润会被用于联盟、新品类的未来发展上。而当某个强势品牌因为冲劲不足下滑时，空出来的市场份额与净利润能被足够信任的品牌顺利接手。通常而言，联盟中公有的强势品牌是联盟的原始资产，其所获取的净利润不仅支付联盟的日常开销，还可以用以解决更大的难题。例如，“支付大型商战或者其他品类竞争时的投入”。这些情况的出现，意味着新品类遭遇到了问题，但运用多方共赢方法，我们不用担心新品类打不起商战，或者迫于资金压力陷入无法应战的尴尬境地。

这一方法的提出，迅速得到对应品类的联盟成员的肯定，并且被迅速地实施下去，而在强势品牌形成后的一年多的时间里，其为该联盟成功带来了200多万元的储备资金，并用于新品类的发展上，整体新品类的市场份额提高了13%，所在品类内的净利润增加了10.4%。

新品类在发展初期，若能迅速吸引大量强势品牌形成，无疑是令人兴奋的事情。强势品牌的到来会极大地影响新品类的发展，进而取代既有品类。在此，特对强势品牌和弱势品牌进行了对比，不仅有助于管理者明确两者间的区别和作用，而且有助于管理者在建立新品类联盟时做出正确的决定。

强势品牌的特征如下所述：

· 印象清晰；

· 与众不同；

· 差异化品牌；

· 品类的代名词；

· 明确的定位；

· 强劲的竞争力；

· 牢固的防御壁垒；

· 拥有忠诚的目标群体；

· 具有强劲的穿透力。

例如，一提到奔驰汽车，就联想到精湛的德国制造工艺和豪华的设计等。

弱势品牌的表现如下所述：

· 想不起是什么；

· 产品大同小异，没有亮点；

· 同质化产品；

· 品类中的一个品牌；

· 不知道它在做什么；

· 没什么优势；

· 处处都有破绽；

· 覆盖行业多，市场都是以低价为主；

· 没什么影响力。

对比可知，同样都是品牌，为何有的品牌一直向上发展，而有的品牌一直下滑，这就是强势品牌和弱势品牌的区别。

品类联盟中存在的是强势品牌多还是弱势品牌多，影响着新品类的未来发展。很明显，强势品牌作为品类中的主力，承担了新品类的大部分发展，弱势品牌除了能制造出大量复杂产品之外，其对新品类未来发展的贡献较少。

再来区分这两种品牌类型于社会的职责：弱势品牌是规模化生产、规模化就业、规模化纳税的主要贡献者；而强势品牌是增强就业、增长纳税率、提高品牌竞争优势、提高地区影响力的核心力量。

后者不仅能满足社会基本需求，而且提高了地区或者国家的竞争力，这是两者的差距所在。

强势品牌和弱势品牌在品类联盟内担任不同的职责，这与其外部市场的对应地位有着直接关系。例如，强势品牌通常从事如下工作：制订品类战略；为盟友确定品牌名、开展定位与差异化等外部市场竞争工作，通常都是能产生较高经济效益的工作。弱势品牌通常从事内部运营工作，如：招募伙伴、研发产品、会议培训、提高品质等。强势品牌一般不会从事弱势品牌的工作，弱势品牌也被限定不能从事强势品牌的工作。

强势品牌通常更为勇敢、健硕，能更好地处理某些危机，面对更大的压力，它们通常带领联盟成员朝着有利的方向发展。

企业想打造什么样的品牌，首先取决于企业所处的品类领域及所具有的话语权，以前单打独斗时代的话语权的大小，会影响、限制企业的发展。而现在品类联盟的发展会加强话语权。残酷的商业竞争中有一句话是“抱团取暖”，品类联盟同样有一句话，那就是“母强则子胜”。

第6节

保护新品类的发展

遵守品类联盟规则的盟友，都有机会发展所处品类中的品牌，并在外部市场中获得相应的报酬，获得属于自己的那部分收益。当然，在获得良性发展的同时，有机会获得来自盟友的帮助或为盟友提供帮助，这对未来的商业竞争而言，可谓益处颇多。

例如，联盟中的盟友能为品牌名称、差异化的寻找，以及信任的建立提供相应的帮助，这也是建立强势品牌的初步模型。初步模型的建立有利于孵化强势品牌环境的营造，不仅有利于一个又一个强势品牌的诞生，而且有利于联盟有效性的延续。

这些事情是品类联盟的主力品牌需要做的或者愿意主动提供指导的，因为联盟的目标就是为新品类的发展提供完善的服务。除此之外，原先影响至深的事情现在变的无关紧要了，如："原来的竞争对手变为盟友""以前的竞争关系现在变成合作关系""原先的竞争者很多，现在的竞争者却只有一个""齐心协力攻击并取代既有品类"。这些情况的出现颠覆了传统的竞争模式，提高了新品类的防御性，还提高促进了自身的发展，加强了顾客对新品类的信心，促使顾客下定决心购买。所以，品类联盟的形成意味着"无须重蹈覆辙"，现下应该是"风物长宜放眼量"。

联盟中成员能够从新品类的发展中获取益处，同时，也应限制某些行为或者品牌，确保新品类能够获得更好的发展。

禁止延伸品牌的加入

延伸的意思是拓展、延长。企业开发延伸品牌的目的是借助原有品牌的影响力，销售新产品，一方面可以节省促销费用，另一方面可以获取大量的利润。

实际上，首先，品牌延伸可能会留给顾客“该品牌已经分心了，不打算好好经营对应品类”的印象，会对忠实顾客造成伤害，透支的是原有品牌的影响力，这会为新品类的发展带来恶劣的影响。

其次，将新产品关联在已有品牌上，又会导致新产品号召力不足。因为品牌已有代表，新产品根本无法改变原有顾客群体的既有认知。号召力不足的产品最后可能要低价销售，那得到的必然是微薄的利润，尤其当低价销售的新产品与具有差异化的老品牌狭路相逢时，后者优势立见，前者劣势同样一览无余，最终取得胜利的必然是具有差异化的老品牌。

最后，延伸品牌不但无法引起顾客的关注，反而会削减顾客的关注度，因为一个品牌所代表的内涵是有限的，如果涵盖了太多内容，那它在顾客心目中就是一个杂而不精的名字，所以延伸品牌的加入只会让顾客觉得这个品类没有专业化的品牌，给品类打下的印记是“这不是重要的品类”。限制、禁止延伸品牌参与竞争对新品类的发展是有利而无害的。

禁止以公司命名的品牌的加入

以公司名为品牌名，这是混淆顾客视听的较为严重的方式之一。管理者都知道公司作为工商注册的主体，主要面对的是股东、员工、税务等群体。

如果说公司与顾客之间有关联，那只能是公司运营的品牌与顾客之间存在商业关系，品牌吸引了顾客，使其短暂逗留，顾客回报给品牌的是一定的利润。双方之间的桥梁是品牌。从这点可以看出，顾客并不是为公司买单，而是为品牌买单，品牌取悦了顾客，顾客购买了产品，从而养活了提供产品和运营支持的公司。

日常生活中你会发现，在一排排堆满商品的货架上，商品的品牌名称通常放在包装的最醒目的位置上，而公司名称通常是用很小的字号放在包装不起眼的位置上。

睿智的管理者会不断强化品牌及其相应的差异化，弱化公司与品牌之间的联系，很多管理者试图消除公司与品牌间的关联，如：“丰田非常忌惮让顾客发现雷克萨斯也是该公司旗下的品牌，认为这会为雷克萨斯在高端轿车中的竞争带来不利影响”。为什么呢？因为丰田1988年前生产销售的多是中低端汽车，雷克萨斯是高端轿车，如果品牌与公司的对应关系被人知道，还会有几个人愿意购买呢？

一家公司旗下能拥有众多品牌，这些品牌通过商标注册就能够获得，想要快速拥有一个商标用于品类竞争时，可以通过购买商标的形式获得。

当公司旗下的品牌出现信任危机时，某些公司可能抛弃这个品牌，这时候公司损失的是一个品牌。若当公司爆发信任危机时，那公司可能面临的是重整、清算，甚至倒闭，那时候的损失就是丢掉一家公司。

我们举个简单的例子，有人使用LV手提袋，只是因为它代表着LV品牌，他们会费尽心思地去了解这个品牌背后的公司名称或者一系列信息吗？

很显然，不会。因为对顾客而言，货架上的可选择商品很多，顾客只会花时间挑选品牌。并不会花额外的时间去了解它背后的公司。品牌为商品带来了溢价权，公司只是品牌背后的运营主体。

综上所述，顾客并不关心产品是哪家公司生产的。

再换个思路思考：你购买产品时，会考虑这是哪家公司生产的吗？也不会，货架上尽是琳琅满目的品牌，看到包装时会联想到品牌，品尝味道时会联想到品牌，甚至看到图案时仍然会联想到品牌。

所以，以公司名作为品牌名，结果可能是连放上货架的资格都没有。有些管理者问我，“为何雀巢、达利园就是以公司名作为品牌名的？”我的回复是如果你具有与它们相同的实力，你就可以像它们一般“放纵”。

即使产品顺利地摆上货架，顾客发现产品名称看起来是公司名，可能会想“如果产品足够重要，为何不单独取一个新名字呢？”以公司名作为品牌名参与竞争确实不利于自身发展，也不利于品类的发展，所以限制、禁止以公司名作为品牌名参与品类竞争是有利而无害的。

禁止对品类差异化进行恶性竞争

前文的电动车品类中的品牌举例告诉我们差异化对于品类的重要性。品类中的品牌要有差异化，但是部分品牌的差异化是有限的。

例如，大部分人所能记住的白酒品类往往不超过五个。大家知道白酒类型酱香、浓香、绵柔，分别对应着茅台、五粮液、洋河蓝色经典，而其他白酒，顾客的印象可能是“好喝”与“不好喝”，或者“上头”与“不上头”。所以，白酒品类要发展具有差异化的白酒品牌。

又如，购买汽车时，顾客会考虑乘坐体验、驾驶体验、科技感、安全等，分别对应着奔驰、宝马、奥迪、沃尔沃等品牌，这些差异化就是产生品牌的最佳方式，有差异化的品牌也使品类更具生命力。

品牌与差异化之间存在关联性，我们能想到这个品牌及对应的品类差异化，但并不是每个品牌都能十年如一日地保持自己的差异化。某些看似强大的品牌强盛到一定程度时，因为品牌贪婪、自私，在风险重重的品类竞争中盲目追逐，而忘掉了自己最初成功的独特价值，最后要面临被市场清退的风险。

很多品牌不满足自己所拥有的差异化，如911系列跑车曾经使保时捷成为高价位跑车的代表，占据着汽车品类中“高价位跑车”这一差异化，并让保时捷闻名全世界。但是该品牌不满足跑车这一市场份额，进军其他汽车的市场领域，最后陷入复杂的竞争环境中，处处受到限制。现在虽然能用低于100万元的价格买到保时捷汽车，但保时捷911这一差异化还有多少人记得?

自身已经有了品类差异化，但是还想竞争其他的差异化，这并不会为自己带来足够的好处，相反还可能丢失自己原有的“价值连城”的差异化。

品类中品牌的差异化，从理论上说，是无限的，顾客未必能够记住品类中所有品牌的差异化，虽然这些差异化确实具有价值，但最终还是以被记住作为该差异化的唯一有效评定，不被记住的差异化一文不值，所以品牌出现时间早是记住品牌差异化的关键因素，毕竟先入为主，这一关键因素的重要性就犹如作战中的军队要兵贵神速。

正是差异化让对应的品牌在顾客心目中变得与众不同。换言之，品牌与对应的差异化相辅相成：差异化滋养品牌、借助品牌迸发出品类的强劲威能；品牌借助差异化成为品类中的代表或首选，形成强势的竞争力，甚至能够迈出区域、走向全国。

所以，品类中的差异化最好由品类联盟根据具体实力与贡献情况合理分配，这样才能产生最优秀的品牌，否则可能产生不协调的现象，如最有价值的差异化给到没有实力的品牌，它们必然把握不住，而当有实力的品牌体现的是三流的差异化时，这对品牌是不公平的，对品类的发展也是不利的。举个例子，如果奔驰的“豪华内饰”给到某地区一个小型汽车厂的某个品牌，它们能为汽车品类带来哪些具有前景性的整体竞争力呢？

品类联盟可从各自擅长的、发展意愿、有利于品类发展等维度分配差异化，最终花落谁家均由各自的实力而定。这需要品类联盟创建之初就要确立透明公平的分配机制，避免大家因为抢夺“价值连城的差异化”而无心品类的发展，所以，禁止对品类差异化进行恶性竞争是有利而无害的。

禁止进行同质化竞争

生产同质化产品，进行同质化竞争，会使顾客面对该品类时，发现市场上存在一些相似度极高的品牌名，如黄金品类中出现多个含有“周、金、六、福、大、生”等字的品牌名，“六福”“金六福”“周六福”“周大福”“金大福”“周生生”“周大生”等。

面对相似程度如此高的品牌名，我想很多人的第一感觉和我一样，那就是晕乎乎的，我曾经做过一个试验，5分钟内让团队中的10名成员把这几个品牌名按照顺序背出来，结果只有2人成功，8人失败。因此，顾客需要具有较强的逻辑才能有效区分这几个品牌及其对应的差异化。

我们做了一个调研，有趣的是，发现购买黄金的顾客主要由三个群体构成：1995年后出生者、2000年后出生者及50岁以上的女性群体。前两个群体较为年轻，不喜欢复杂的事物，对品牌名也一样，要求品牌命简单易懂，朗朗上口；而第三个群体因为年龄较大，相对应的逻辑思维力较弱。所以，目前黄金品类中这些相似度极高的品牌名不利于该品类的发展，因为该品类的顾客群体无法区分品牌间的名字差异，自然也无法清晰地记住品牌间的差异化。

黄金品类要面对的竞争对手是货币、房地产、期货、理财、定额存款、豪车、游艇、奢侈品等，顾客对于黄金品类的最大差异化认知可能就是黄金不受战争影响。

品类内品牌同质化甚深，不仅品牌名相似，而且包装颜色、生产程序、工艺质量、商品重量都高度接近，自然会出现低成本、低毛利点、低净利润的情况，甚至出现卖得越多、亏得越多的局面。

例如，美团平台旗下的美团优选占据了市场的半壁江山，但从利润来看，并非如此，2022年第三季度财报显示：美团优选的销售收入为972.07亿元，但股东亏损达到了68.19亿元，这真的就是卖得越多，亏得越多。美团优选之所以亏损，与其低价销售、产品同质化相关。优选，顾名思义，就是从很多商品中找出优质的商品，但现实中，美团优选的优选职责还有待提升。根据许多顾客的评价，可知有些商品的品相有待优选，有些商品的品质有待提高，美团优选销售的某些商品与优选的差距甚远。CEO王兴曾在财报会议中表示，“美团优选是十年才有一次的重要机会，这是必须赢的一场战争。”既然是重要机会，就应该为顾客提供与优选相匹配的商品。美团优选官方公众号曾发布文章《今天，让我重新介绍自己》。美团优选品牌从之前“社区团购”正式升级为“明日达超市”，并提出全新品牌标语“真的真的省”。切记，品质在得不到保障的情况下，过度的省可能要依赖低价销售，从长远看，是不利于品类和品牌发展的。

同质化严重的品类，给予顾客的感受是品牌的创新能力低下、无特色化、无亮点、不重要、使用及购买价值趋向雷同，它们只能进行残酷的价格战，凭借优惠价格吸引顾客，这只会导致顾客无法识别出真正具有差异化的品牌，甚至促使顾客做出放弃该品类的选择，所以禁止同质化品牌参与竞争对品类的良好发展是有利而无害的。

第7节

避免成为问题品牌

如果品类联盟已成立，但还放任品类中存在品牌延伸、以公司名代替品牌名、同质化发展、恶性竞争差异化等问题品牌，这对联盟和品类发展来说是很大的阻碍，也表明联盟虽然成立，但是没有发挥出作用。这种情况会让盟友失望，而且联盟在这种情况下的不作为可能导致联盟中盟友的某些研发技术被骗。究其根本，这些问题品牌应该关注的是“努力提升自己的竞争力、增加自己的优势、凸显核心差异化”等竞争利器，不能一心只想着降低品质、低价销售、寻找低价货源，这些行为只会让所在品类及自身的生存空间越来越小。

例如，随手打开某购物软件，置顶的商品无一例外都在强调重量、价格、包装等，这是多年前商品化时代的宣传重点，与顾客的认知完全不符，因为顾客现在处于品类价值时代、品牌化时代。强行让顾客做出选择，结果可能是自己的商品被顾客直接忽视、屏蔽甚至被打上“这个品牌不行”的印记。

我曾在拼多多上买过一个驱蚊器，驱蚊器插上电源的一瞬间就发生了爆炸，驱蚊器一片漆黑。还好我反应及时，迅速跑开，没有受伤。把问题反馈给商家，商家表示“产品不是他们生产的，让我拍照发给他们，如果确实是商品问题，会更换商品”。对商家而言，这就是最佳处理方案，但是对我或者顾客而言，第一感觉是，这个产品不好，这个品牌不好，以后不会再购买了，再深入思考，认为这个驱蚊器品类都是有问题的。长此以往，不仅品牌的发展之路渺茫，品类同样如此。

企业要想发展得更好，首先管理者的思维不能过于僵化，要转化思维，要有超前的商业思维，不要害怕承担风险。“害怕犯错”的思想导致管理者习惯性地待在内部，不愿外出，似乎对商业竞争怀有畏惧心理。面对机会时，再三犹豫，眼中只有风险，或者对风险过度忧虑，觉得风险永远大于机会，对机会缺乏积极正确的理解，过度地弱化了机会带来成功的可能性。即使经过长时间的挣扎，最终说服自己抓住机会，也是选择对当前业务进行修修补补。

这是我在多年的项目经历中经常遇到的事情，哪怕已经给出企业管理者一个成功率高达80%、分析了诸多可能性及应对措施的方案，他们还是会把大部分注意力放在那20%的风险上，拒绝改变，害怕改变。这种行为对企业品牌的发展没有什么好处。

其次，企业生产的产品和品牌要过硬，不能生产问题产品和问题品牌。第一，重视顾客的真正需要——差异化，这是一种经营理念，也是商品化时代的卖家所缺失的。差异化其实就是品类价值，是顾客必须选择你的理由，是顾客愿意掏钱购买这个品牌的主要原因，也是避免成为问题品牌的关键。第二，品牌质量要过硬，要生产符合国家标准和行业标准的产品，产品不能留有安全隐患。第三，要生产价值高的品牌，仅以低价销售产品或制造同质化产品，其利润是微薄的，甚至净利润只有2%～5%。某些品牌为了2%～5%的利润磕破了脑袋，也不愿意动用知识的力量推翻现状，开发出具有有效差异化的产品。

第8节

品类造就品牌，品牌成就品类

一个真正的品类，必须有一些让人无法忘记的品牌，这些品牌的差异化与品类的价值息息相关，如汽车品类中就有许多让人无法忘记的品牌。

韩国的汽车品牌有：现代、起亚、大宇。

法国的汽车品牌有：雪铁龙、标致、布加迪、雷诺。

意大利的汽车品牌有：兰博基尼、阿尔法、法拉利、玛莎拉蒂、菲亚特。

中国的汽车品牌有：红旗、哈弗、长城、WEY、奇瑞、比亚迪、小鹏、吉利、五菱。

德国的汽车品牌有：奔驰、宝马、奥迪、保时捷、大众、斯柯达、欧宝、迈巴赫。

美国的汽车品牌有：别克、雪佛兰、林肯、福特、道奇、GMC、凯迪拉克、悍马、Jeep、克莱斯勒。

英国的汽车品牌有：劳斯莱斯、路虎、名爵、宾利、路特斯、阿斯顿马丁、迈凯伦。

日本的汽车品牌有：丰田、本田、雷克萨斯、英菲尼迪、讴歌、斯巴鲁、尼桑、三菱、铃木、马自达、五十铃。

以上汽车品牌分布在不同国家，其实，这就是一个非常好的例子，一个真正的品类必须拥有众多品牌，而一个世界级的品类会将品类的差异化分布给不同地区的各个品牌，让它们茁壮成长，反过来，这些茁壮成长的品牌共同赋予品类真正的生命力。

若是某个品类中只有一些销售价格低、同质化的品牌，品类会因为利润微薄、生长空间缺乏成长得不够强壮，面对外部危机时，没有足够的实力去抗衡，只能眼睁睁地看着自己所处的环境不断变糟，甚至可能让整个品类被顾客贴上“问题品类”的标签，一旦被贴上此类标签，就有可能从核心市场中逐渐向外滑出，慢慢变成“占位品类”，从而失去在对应区域内或大部分地区内的角逐资格。这其实是很危险的，所有品牌都无精打采，没有获得顾客认同的那股动力，同时顾客会进一步认为这个品类“不太行了”“没什么发展动力”。

所以，品类的未来发展，其实需要一个团体来控制和干涉，为了团体的合规化、合法化，品类联盟的意义不言而喻。因为在某些方面而言，一个品类其实相当于一个“自治地区”，不同发展类型的“自治地区”构建了一个经济市场。市场的发展离不开各个区域的良好发展，而这个发展又不能单纯地指望个体、单人来实现。

那么，合理、有效地组织起一些联盟，是完全有助于一个产业、品类发展的。努力推动一个企业团体的形成，不仅会获取最大的经济回报，还会极大地提高地区发展经济的能力。这必然是多方共赢的，因为这种双向交流、合作的发展，企业品牌获取了所在区域的信任和支持，这是利于企业发展的良好外部竞争环境，这是促进企业生存和发展的充足养分。品类的持续经营、良好发展，在增加所在区域财政收入的同时，积极带动了产业发展，提高了就业率，增加了税收，提升了地区影响力。

品类所在区域的发展受阻，可能也是其产业、品类发展没有差异化造成的。这种情况下，品类极有可能遭遇来自世界上任何一个地区的新品类的攻击打压、遏制取代，不仅影响品牌在全球市场上的地位，还会对品牌所在地区的就业、纳税、产业化产生连带影响。

我们能看到，通常发展不起来的产业，其实都不属于差异化品类，跟特色品类更扯不上关系，这些产业其实对所在地区的发展，是没有优势的。具有优势的产业不知道如何做到品类差异化，缺乏优势的产业却想方设法地去推动，除了落得疼痛之外，并未获取足够的好处，在这种情况下，企业与品类联盟联手，共同推动产业、品类发展，才会获得双赢。

我的家乡诏安县地处福建、广东两省交接处，邻近饶平县与东山县，该地区的饮食特点吸纳了两个省、数十个县市的精髓，享有“书画之乡”“长寿之乡”“青梅之乡”等美名。

诏安县的主要特产是青梅，是一种常年生长在富硒土地上的水果，一般不直接食用，而是通过其他方式再加工，让它的口感变得酸甜、爽口，而生长在富硒土地上，使它的味道更值得回味。青梅不仅被当地农民称为致富果，还被吸引而来的一些外企称为长寿果、幸福果、黄金果。

诏安地区的青梅对比其他青梅，具有果型大、果皮薄、光泽度高、肉厚实、果核小、质脆细、水分多、酸度高等特点，同时富含人体所需的一些较为稀少的氨基酸成分，吃起来有酸中带甜的一股奇特香味，有人说这股异香是沉香与果木香的混合，也有人说是雨后落叶的生涩木香，每个人感觉到的口味是不尽相同的。青梅含有苹果酸、柠檬酸等物质，能够促进消化液的分泌，具有生津开脾的作用。青梅还含有丙酮酸、齐墩果酸等活性物质，能够起到保护肝脏的作用，而且诏安青梅生长在富硒土壤中，富含的果酸及维生素C远高于其他青梅。富硒土壤中的硒含量大于0.4mg/kg，富硒食品中的硒元素容易被人体吸收并可转化为血硒。血硒又被称为血清硒，人体内血清硒的高低与某些疾病的发生有关系。有科学家指出："一个地区的人是否长寿，与其生活地区所生产的果蔬与土壤中的硒含量高低有关"。所以，这也是诏安县"长寿之乡"美誉的由来。

诏安县青梅种植始于元末明初。2013年，诏安县就被中国营养学学会授予"中国海峡硒都"的称号。

诏安县种植青梅历史悠久，青梅富硒，这些都是诏安青梅的优势，即在青梅品类中具有的差异化。诏安应该重点宣传这些优势和差异化，发展诏安青梅为强势品牌。

但是实际中，诏安青梅这样好的一种水果，在当地的收购价却出奇的低，2020年，一斤青梅的收购价只有几毛钱，但是超市货架上的那些梅制品，单盒的净含量只有几十克，售价却高达十几元、二十多元，由青梅制成的梅子酒的价格更是高达数十元。

这是诏安县的整个青梅产业链与青梅品类的大考验，折射出来的问题就是，诏安县缺乏专业人才对青梅品类的发展进行系统全面的市场指导。要使该地区的富硒青梅成为日常中普遍食用的食品，定价上绝不能虚高，因为这不利于市场的打开，合理的价格是大部分人消费的前提条件，而具有差异化是富硒青梅未来发展的重要条件。

政府、企业与"青梅协会"可以共同合作，在当地创建有利于富硒青梅发展的"品类联盟"，用以促进、发展足够多的强势品牌，并逐步让富硒青梅成为诏安地区的主要经济支撑。

诏安县青梅企业可运用先进的技术，从富硒青梅中提炼出对人体有益的营养物质，就是让富硒青梅享誉国内，甚至走向世界的选择之一。

这必须借助品类联盟的力量，才能将这些想法转化为切实可行的行动，品类联盟运用好相关政策，发挥出自身的力量与作用，关键是从“生产者”转变成具有溢价权的“品牌方”，才能逐步、持续地创造出最佳的市场回报。

在对“富硒青梅”的有效发展上，需要以尽可能细化的商业思维打破当前的固有认知，如发展梅制品、酒类、饮料等，最好的方法是集中资源与力量，在自身势微、经费有限的条件下，申请并获取足够资源作为自身地区经济发展的有力支撑。

在发展的过程中，逐渐形成具有高额溢价权的品牌，但是我们能看到，许多品类在发展过程中，用高额溢价来开场，最终落得被边缘化的局面，所以发展青梅品类的过程中，慎重使用高额溢价，避免打击目标群体，抑制自身未来的发展。

例如，这个新品类可能与血硒或血硒精华相关，进行充分的市场分析后，可给出有效的品类名称，但无论什么名称，可以确认的一点是该品类的差异化是明显的，即它是从生长在富硒土壤的青梅中提炼出来的富含“血清硒”的物质，对身体是有益的。

至于硒精华超过其他的多少倍，对人体将会产生什么影响，每日的参考食用量，如何搭配吸收效果更好，都是这个新品类在未来需要解决的问题。

诏安还有富硒温泉，走到官陂镇，在长达几千米的山路中，能看到温泉眼冒出的大量的温泉水。据了解，当地的大部分老人都有一年四季泡温泉的习惯，该地区的皮肤癌发病率低于周边几个城镇。这些其实都是该地区具有优势的差异化。

企业或品类联盟应该重点宣传这些具有优势的差异化，避免低价销售或者同质化发展，富硒青梅不应成为普通的青梅食品。

企业应该充分运用这些稀缺资源发展出强势品牌，宣传富硒青梅的效果，使其支撑这一差异化，促使这个差异化成为该地区的主要经济支柱。

品类联盟的成立是保障新品类能获得足够的生长空间，对于限制或者伤害新品类发展的参与者及其他因素品类联盟需要尽可能地清退或者消除，保证不利影响降到最低。

对新品类发展有重要贡献的品牌，在其发展势头强劲时期品类联盟可以提供帮助，借此扩大新品类整体容量。整体市场容量扩大后，受益的是联盟内的所有品牌，这会对该地区的招商引资环境、财政收入、就业解决等产生有利影响。

强势品牌获得到一定成长，当品类出现突发状况时，联盟成员需要为其开路，并给予足够的重视。其实，品类联盟成立后，所有品牌都是栖居在品类下的，品类才是大家要共同做大做强的，而品类作为地区的经济支撑，无论是谁做得好，对该地区都是有益处的。品类繁荣则品牌繁荣，对地区经济发展好；品类贬损则品牌贬损，对地区经济发展可能不利，可谓是“一荣俱荣，一损俱损”。

可能有人会想，这是有利于强势品牌发展的，其他品牌处于次位。实际上，并非如此，持有如此想法的人只看到了表面的折损而没有看到从实处中的获益。在商业竞争中，没有任何品牌能够做到只增长而不下滑的，适当、合理地控制下滑，其实有时候更能测试出并激起市场的有效反应，有利于了解外部市场的真实情况，有助于管理者全面地做出决策、带领企业做出成绩。

用平常心下好一盘棋，胜负早在内心中见分晓。这种以退为进、再继续前进的方法，其实更考验管理者的耐心与智慧。为强势品牌开路、给出足够的重视，这不是免费的，这会给日后品牌与品类的发展带来积极影响，甚至形成模范效应，在内部产生巨大涟漪。新品类在急速扩容时，有重要贡献品牌的存在，就是在不断宣传新品类对社会的重要作用，这也变相繁荣了新品类，如吸引处于观望中的顾客、人才、资本、盟友、产业加入，将其转化为品类忠实顾客，扩大了品类发展。吸引了尚未参与进来的群体，有助于提高新品类对应阶段“小增长期”的出现次数，进一步增强新品类在对应阶段的发展势能，同时还能延缓品类在对应阶段的衰老。

无论是顾客、人才、资本、盟友、产业、政府机构，这些对品牌而言都是不同的群体，这些群体拥有各自的身份，如购买者、从业者、投资者、利益相关者、监督者等，虽然各自立场不同，但能够清晰地看到新品类环境是有利于重要贡献品牌的发展。重要贡献品牌、品类于其他品牌的关系，就如同主干、大树与分支的关系，粗壮的主干（重要贡献品牌）才能支撑住大树（品类），进而让现有或者未来的分支（其他品牌）能够更好地依托大树良好生长。同时，也让更多的社会群体看到：新品类的主干在哪一段？主干与分支现阶段的关系是相互竞争还是相辅相成？大树的养分是优先供应主干还是供应分支？

答案是显而易见的。首先，水分通常在岩层土块间积蓄，大树的主干通过蔓延入地下的根部吸收水分，所以优先供应的是主干，然后输送多余的养分到分支。通常，新品类的主干就是重要贡献品牌、强势品牌，位于品类的核心区域，由此延展开的是其他品牌。

置身于良好环境还是恶劣环境，是决定主干与分支是加强还是削弱的关键，良好环境是树木最终长成参天大树的主要原因之一。

对环境的选择，就似企业以何种方式开始商业旅程。青梅企业如果以梅制品、梅子酒的方式开展，结果可能是自我折损。若以具有差异化的富硒青梅为切入点，可能为整个地区构建一个长远的未来。

商业竞争也应该如同大树顺应自然发展一样遵守规律。例如：大树面临暴风雨时，摇曳幅度最大的往往是分支，主干纹丝不动；大树对抗恶劣气候时，最先死亡的往往是分支。重要贡献品牌、品类、其他品牌也是一样。品类在养分不够充足的时候，会优先将养分供给重要贡献品牌，以保障品类自身拥有足够的生命力，以便在未来养分充足时，能够再次枝繁叶茂。

真正对社会有积极作用的品类，完全有能力将大部分看似不相关的社会群体连接在一起，从而让更多的处于观望中的陌生群体加入品类发展中。当然，这与品类联盟领袖其中起到的指导作用有着直接关系，因为领袖为新品类制定了合理、有序的发展战略。如同在浩瀚无际的海洋中，船舶始终都有指南针领航方向，即使深陷迷雾。所以，品类联盟领袖能够为品类的良好发展指明方向，为树立品类在市场中的重要性提供帮助，同时加强品类与陌生群体间的关系。

第2章/CHAPTER TWO

商业竞争

第1节

同样是棋手，高级与初级的差别在哪

推出的新品类无法获得足够多的关注，建立起来的品牌没有太大的影响力，这两个问题源自落后的、缺乏有效指导的竞争意识。有的管理者设想新品类推向市场时是很顺利的，应该一炮走红，不会有任何阻碍，所以没有考虑后期可能面临的一系列问题，如：什么群体会购买、必须买它的原因等。没有考虑全面也是某些新品类无力回天的主要原因。

只愿意做某些只看到好处的事情，表明这些管理者刻意地闭塞耳目，忽略外部正在发生的事情，也就是说他们不愿做或者没有做最坏的打算。这一类的管理者我称为无竞争论者，通常他们处在高位，手上掌握着大量可随意分配的资源，他们在内部是高谈阔论，处理内部事情是游刃有余的，但是处理外部的某些问题时，总是显得仓皇急促、捉襟见肘，处理外部事务的能力与自身职责不匹配。

与无竞争论者对应的是完全竞争论者，其对待新品类的态度与无竞争论者完全不同，他们通常在内部展开激烈的讨论，以排除、质疑、肯定以及赞同的方式，始终围绕一个核心展开论述，并集合一批优秀的商业智者对新品类进行完整的评估，如：

- 召集持有不同看法的商业智者对问题进行不间断的、集体性的讨论，确定所有可能存在的假设；
- 列出存在的假设并提供证据，对每一种假设提供参数列表；
- 考察证据的真实性，确定对应价值的范围；
- 分析证据与“诊断性”报告，确定其是否与对应价值相符合，也就是说，确定对应新品类是在判断假设可能性成功的同时，从可能性成功中找出最有用的价值；
- 对可能性成功提出“假设质疑”，分析每个“假设质疑”，得出初步结论，继续分析其他假设；
- 分析初步结论，对少量的重要证据的数据反复论证，如果证据是错误的，思考会出现的情况，判断自身是否能承受；
- 做出有效分析和结论，报告结论提交给关键人，协助他们做出“项目实施与否”的决策。

完全竞争论者与我们的目的相同，本质上较为接近，就是对一个可能性成功进行大量的假设。在论述过程中，要求必须推断出新品类的可能性成功才能启动项目。这些事情是项目启动前就应该开展的，并持续开展、跟进。不能等活动进行到某个阶段，甚至快结束了，才开始做这些事情，这就完全推翻了之前做出的一系列假设，并有可能让活动回到准备之前的状态，导致此前付出的所有努力全部失效。在这里，我们要讨论的并不是所有的成功性假设，也不是相对可能性，而是要从少量的重要证据的数据中得出最坏的结果。

经济回报与最坏结果息息相关，最坏结果决定了“企业是否真的准备好了开始新品类活动”。如果能承受最坏结果，且无论经济转好还是经济下滑，最差的经济回报也就是“当前这个看上去最糟糕的假设”。因为已经排除了所有可能，不可能还有更加糟糕局面的出现。对组织而言，这也是最负责任的一种方式，确保实施新品类活动过程中各个环节的成功率。

大部分情况是，做完这些可能性成功工作后，管理者可能发现成功率出奇的高，这是因为商业智者已经对外部的一些主要问题进行了严谨、审慎的分析，并得出了成功的结论。

既然如此，管理者就应该知道怎么做了，围绕新品类活动开展评估，推断出新品类可能性成功之间的关联较大，而关联也因为证据的有效证实，充分发挥出了应有的作用，这一切都是朝着良性方向发展的。若是结论相反，企业就不要轻易开始新品类活动，否则可能面临“新品类无法获得足够多的关注”“建立起来的品牌没有太大的影响力”等问题。

所以，内部进行大刀阔斧、开创性的活动时，都需要做好准备工作。准备工作其实更像一个缓冲带，能让管理者提前发现问题并把问题带来的影响控制在最小范围内，同时使企业充分了解：“如果这么做”可能会带来的“胜负概率”。例如，当某些问题确实存在，且必须直接面对时，企业可以通过此方法为自己赢得时间，并找寻到处理此问题的最佳方法。这个阶段，不能单纯地以“快速响应”“快速决策”来评估解决方法的有效性。

因为方法是一群商业智者反复推敲出来的。以同样的方式对待新品类，完善的、标准化的事前工作安排，是后续一系列活动有序衔接的保证，否则，企业面临的将是两个截然不同的结果：巧力扇风，省事省力、恰到好处；猛力扇风，费时费力、无功有过。两种结果不同，需要投入的资源数量也相差甚远。用错方法的管理者，总在一些不需要投入资源、精力的工作上将力量消耗殆尽，而在一些需要大量投入资源、精力的工作上无力可使，在与对手的比拼过程中，少不了被动挨打。

在他们的理解中，似乎只要他们更努力就一定能够做得更好，虽然不能完全说这是错误的，但条件上是不够充分的。很明显，更努力与成功之间没有直接联系，中间缺乏有效性的支撑，有效性才是发挥“四两拨千斤”效用的主要因素。

如果非要说更努力与成功之间有联系，那就是两者可能相互影响，通往成功的商业道路上并非总是一帆风顺的，大部分情况下需要努力攀爬那些密布荆棘、地势险要的山崖。

商业竞争中隐藏着一些复杂因素，这些因素可能会增加管理者的思考时间，延缓他们的反应速度。

聪明的管理者已经知道，隐藏在“更努力”外衣下的不愿意被披露出来的因素，才是他们在商业竞争中避开那些致命危险，并顺利抵达终点的关键所在，即知识、经验、方法。当然，我不是说“更努力”不好，“更努力”当然是好事，就是因为“更努力”的存在，才有了人类一系列的伟大发明、创造，人们今天的生活才更加富裕。但显然，单纯地把所有的注意放在“更努力”上，试图用“更努力”解释成功的原因，那就显得有点乏味、无知了。因为这违背了成功学定律，也否定了知识、经验、方法在成功上的主要作用。

“更努力”与“正向谋略”的价值性恰恰相反，因为“正向谋略”的价值性阐述的是：

· 新品类于自身发展的重要性；

· 新品类于总体发展的影响及作用；

· 合理的控制、干涉是影响双方胜负的关键；

· 方法论、知识理论对自身的重要性；

· 如何用这些知识识别出竞争对手的阴谋诡计；

· 如何用这些知识保护自己并开疆拓土。

通过上述内容，我们能清晰地看到，“正向谋略”始终伴随、围绕在我们身边。哪怕企业没有考虑过这些因素或者使用过这些方法，也不能说明它无效。它们确实存在，而且还无时无刻地影响企业，决定了企业的何去何从。

商业竞争如同一盘棋，谁先落子、谁后落子、怎么落子，都在一步步地决定着最终的胜利。

一盘棋，只有两个棋手，一个就是竞争对手。你的对手坐在你的对面，你需要集中注意力关注对方的一举一动。棋手肩负棋局的成败荣辱。

品类就如同一盘棋，新品类的面世，就如同一盘棋局的开始。

棋手要杀伐果断、心思缜密，拥有操控棋子的生杀大权。高级棋手往往能将一盘看似死气沉沉的棋局，通过几个落子开出一条生路。

初级棋手对棋盘布局缺乏巧妙的理解和研究，往往过于草率地落子，阻挡了后面棋子前进的方向；高级棋手却能将一枚棋子布置在决定胜负的关键位置。这就是说，棋手的实力会影响棋局的变化，每一枚棋子在不同的棋手中发挥出来的作用完全不同。

有时候，棋手之间的博弈会很激烈，这说明旗手实力相当。有时候，双方的实力不在一个量级，一方会占据主动权，另一方处于被动位置，所以双方博弈的激烈程度远不如实力接近的棋手那般惨烈。

初级棋手若选错了棋局，就有可能与高级棋手博弈，这是很危险的，前者面对后者，几乎是一败涂地。

不公平一开始就存在，因为缺乏了解和经验，处于劣势的弱者落子时往往带有较大的随机性。

随着时间的流逝和棋局的展开，弱者落下的棋子越来越多，随机概率也增加，不公平程度越来越大。

当初级棋手对上高级棋手，高级棋手往往会先试探性地落子以此评定初级棋手的真实能力。只需几个回合，高级棋手往往就能探清对方的实力，逐步设计出一个有利于自身的落子计划，每一个落子都会让对手感受到巨大的压力。占据主动权的强者觉得双方实力悬殊，会在短时间内击败对手。这对强者而言，就是一场猫捉老鼠的游戏。

棋手尚且如此，更何况棋局中的棋子呢？

喜欢博弈的管理者知道，棋子只是媒介，是用来表现棋手真实能力的。

古往今来，创建了新品类活动，却与新品类渐行渐远的开创者数不胜数。为什么？

一问：是因为他们不够努力吗？

答：并不是。

二问：是因为他们不懂得争取吗？

答：并不是。

三问：是因为他们无私吗？

答：同样不是。

恰恰相反，他们花费了巨大的精力，开创了一个对经济发展有着积极影响的新品类，当然想要通过新品类来获得足够的养分，以此达到发展新品类的目的。

但现实与理想是有差距的，品类开创者缺乏对新品类的了解，或者缺乏对市场、消费群体等的了解，某个品类就可能沦为市场竞争中一个微不足道的棋子，随时面临着被丢弃或者成为炮灰的风险。

市场竞争中获取成功的管理者犹如棋局中的高级棋手。

对比获胜的高级棋手和成功的管理者，我们找到一些共同点：高级棋手拥有初级棋手没有的竞争优势，品牌背后的管理者也是如此。当两个品类狭路相逢时，具有竞争优势的管理者通常赢面更大，这些竞争优势不是偶然获得，而是一个长期积累的过程。

品类的竞争，就如棋手间的竞争。管理者要做到四点。

- 观察自己也观察对手：能抓住内部机会，也关注外部威胁；
- 换位思考又冷静内敛：了解对手这么做的原因，寻找机会见缝插针；
- 布下谋势且积累小胜：制定战略，确定定位，竞争中抢占份额；
- 占据主动又不露破绽：虽为棋手和棋子，但建造壁垒，稳步前行。

商业竞争中管理者要合理运用正面谋略，这是因为其能够对商业竞争产生影响：自我控制、预判战局、干涉对方，最终发挥出关键性作用。忽视正面谋略，可能沦为棋盘中的棋子而任人摆布。

第2节

调兵遣将，力求不败

我与团队就曾将一局围棋视为一个品类，限定两个小时为博弈时间，以棋子为单位，作为不同的品牌放入棋局博弈，同时还设定各个不同的品牌对应着不同数量的棋子。

棋手分为新品类的开创者与跟随者。开创者作为高级棋手执掌一半的棋子，占据天时地利。跟随者作为初级棋手执掌一半的棋子，参与落子的单位虽然多，但分到的棋子是很少的，会按照如第二品牌、第三品牌、第四品牌等顺序进行递减。

每个品牌的市场份额不同，对应着不同数量的棋子，市场份额越大的品牌拥有的棋子越多，赢面也越大；反之，市场份额越小的品牌拥有的棋子越少，赢面也越小。

品牌和棋子数量的对应原则如下：第二品牌对应开创者1/2的棋子，第三品牌对应开创者1/4的棋子，以此类推，品牌的名次及对应的市场份额越少。棋子过少，可发挥的空间越大，受到的限制也被扩大，当面临多子的品牌时，被吃掉就成了必然。

当然，我们又在这个棋局博弈的基础上，增加了品类竞争的第二条新规则：当双方博弈到一定程度时（一半时间），开创者的身份与跟随者的身份进行转换，也就是说开创者接手原本属于跟随者的棋局（输棋的可能性较大），跟随者接手开创者的棋局（赢棋的可能性较大）。身份的转化将彼此的位置进行了互换，跟随者会随着身份的转化看到以前无法发现的一些优势，开创者也会看到以前未关注的一些缺点。彼此身份转换了，赢家还能够继续赢，输家还会继续输吗？

我认为结局是必然的，因为开创者处于优势地位且基础强壮健硕，他们是一路厮杀走到对应位置的，早已习惯且能够坦然应对此过程中可能发生的事情。跟随者长期处于孱弱不堪的状态，真正的实力与当前的环境不匹配，甚至还有很大的差距，许多事务是平时未考虑、未触碰的，所以根本无法处理、控制那些事务。

无论开创者和跟随者是否能够接受身份的转换，棋局都会继续，棋局从开始到结束，是有时间限制的，一旦计时停止，他们不得不停止落子等待最终胜负的认定。或许对跟随者而言，需要深思“开创者平时做哪些事情”“开创者的思考方式是怎样的”“假如我是开创者，我应该怎么做”等相关问题，可能有助于他们面对从跟随者转化为开创者的命运，并以此扭转乾坤，开启旅程。

现实的商业竞争同样如此，开创新品类时，应该考虑的是如何将原本有限的时间及资源进行分配（品类的生命周期），如何合理运用好被分配完的时间及对应阶段，才能让对应阶段获得良好有序的发展。

先保持不败而不是考虑胜利，才能获得无限成功，这是处理棋局的手段之一，也适用于品类竞争。

这并不是一个简单的博弈游戏，这有助于管理者思考当其拥有竞争优势却突然受到巨大威胁，甚至处于弱势位置时，应该如何应对。突然的身份转变，无论管理者能否适应，虎视眈眈的竞争对手都不会给其留下太长的时间考虑，这时候管理者应该做出决断，是“砥砺前行，寻找机会翻盘”还是“就此放弃，换个轻松自在”？

相信更努力就能成功的管理者，不仅自己更拼命，也试图让团队成员更加拼命，如加班加点，甚至周末无休，他们认为这种方式做到极致，自己就可以脱颖而出。

通过更努力让自己比竞争对手更强大，这是主观臆想，或许竞争对手也这么想过，只不过他现在换了一种新方式，这就是他为何比你更强大的原因。更努力的说法很难说服团队成员，这就如同：商朝打仗时靠矛、剑、钺、戈、殳；唐朝就换成了枪、胡禄（藏矢的器具）、箭、解结锥（形如锥）；明朝打仗时，武器又不同了，这个时候都开始使用热兵器，如水雷、地雷、大型远程火箭、虎蹲炮。随着时代的发展和科技的进步，武器也在进步。如果把明朝的武器带到唐朝，唐朝的最顶尖武器也是无法匹敌的。在二十世纪八十年代，靠着努力勤奋确实有用，但现在环境变了，外部环境的改变意味着需要找到新的有效的方法。

更努力与无竞争论一样，运用的是简单的方法而不是有效的方法，其完全无视了市场上那些依托于方法、技巧、理论而获得成功的例子。

在品类利润率越高、市场份额越大的环境中，其隐藏的介质（复杂性）就越多，商业竞争爆发的频率也越高，几乎处处都可能蕴藏着狡诈阴谋和策略阳谋。

对部分管理者而言，虽然他们暂时还可处于舒适区，但其实是不利于抵抗竞争的。

众所周知，身处商业竞争范围内的任何人都有可能被卷入竞争，这意味着冲突、矛盾等问题随时可能出现。无论主观是否想参与，都会被卷入冲突中，若管理者没有提前准备好自保的手段或应对措施，大概率会在冲突中损失惨重。若想保全自己，就得尽快在风险来临前，做好充足的准备。

如何做好充足准备，对初级棋手而言，是一个很令人头疼的问题。因为初级棋手的段位较低、对规则的掌握不够娴熟，又加上对规则缺乏充分的理解，所以关键时刻往往会束手束脚，颇受对手的限制。这类初级棋手（管理者）往往供职于企业，深得最高管理层的喜爱，可以说集万千宠爱于一身，与他人比较有更多的优越感（这不是他们的错）。他们拥有大多数人没有的显赫背景，或者是名校培养出来的精英，或者有海外名企工作背景，但无一例外的是，他们都有高学历。

但劣势也较为明显，起点高，学历高，自身多有自傲、野心强等性格，但最明显的是轻敌。如果平时表现出轻敌的一面，并不会遭受太多的损失，也不会较影响企业的发展。若是在关键决战中，双方需要通过一场竞争决定胜负时，情况又完全不同了。商业竞争中，掉以轻心很容易吃大亏。

双方对战，耗费巨额的人力、资源。若对手是身经百战、经验老到的管理者，那初出茅庐的管理者就很危险了，对其来说这是一场艰难的战役。

很多老人爱说“我走过的桥比你走过的路还多”，这也说明了经验丰富的重要性，在商业竞争中，这或许指的就是“老谋深算”吧。

老谋深算者擅长明哲保身、功成身退、戒急戒躁、不贪功冒进，历经无数的磨炼、洗礼，内心的坚韧在竞争的关键时刻能够发挥出作用。如“在开始战役（竞争）时就会先收集敌军实力（了解竞争对手）”，而后“做到知己知彼，百战不殆（形成战略定位）”。

新品类活动也需要“调兵遣将”，需要指派合适的人员进行研发、监管、销售、运营等多项复杂的精密管理，一个环节稍有遗漏，就无法将其他环节串联起来发挥作用，若无法及时发现并弥补缺失环节，整体环节就会失效，这在关键时刻就会导致竞争失败。

第3节

千里之堤，毁于蚁穴

很多管理者会疑惑，明明是关于新品类的图书，为何会有商业竞争的内容？或者说为何不单纯阐述新品类的有关信息呢？

因为新品类竞争是商业竞争的表现形式之一，清晰地将新品类与商业竞争之间的关系阐述到位，有利于中小企业更好消化、吸收新品类理论。

本书的主要读者群体是中小企业的管理者，占比高达99.8%，虽然他们也有创新意识，但是对新品类理论、商业竞争的理解可能不够全面，若将两者间的重要性详细说明，他们对于新品类活动理解会更深入，进而提升开展新品类活动的成功率。

我曾经做过相关数据分析，超过95%以上的新品类都未能走到盛年期，这对经济的发展是非常不利的。主要原因在于企业和管理者不仅缺乏对新品类的理解，更缺乏对商业竞争的理解。例如：大部分中小企业，甚至个别大型企业在进行新品类活动时，只是简单地进行内部的自我测试，忽略了商业竞争对新品类活动的影响，当志得意满地将新品类活动投放进市场时，会因为未全面体现品类的优势，缺乏押韵的品牌名、差异化、特性（详见豪威尔环）等问题遭遇滑铁卢式的打击。大部分企业考虑的往往是“如何成功”，为“如何成功”殚精竭虑，就是没有发现这个跨领域问题，需要“多方通力合作”才能解决。

本书尽可能将两者结合起来，让更多的中小企业意识到商业竞争对新品类的实质作用。

军事战争和商业竞争之间存在着诸多共同点，都需要全盘性计划，都有睿智军师的指导：

· 将针对实际情况的计划制订出来；
· 根据发展进程进行指导；
· 主将若没有制订计划的能力，军师需要从旁协助，制订出有针对性的、符合实际情况的计划；
· 基于总体战略的发展，灵活调整计划；
· 后期根据已制订的计划依步骤实行。

这就是为何，在战争一触即发前，双方会第一时间评定主将的实力，并推测主将在兵力上的调整和资源的配比。资历尚浅之辈身临战场，对战场的实际情况无法全部了解，很容易因为经验不足处处受到限制，影响自身的战斗力，无法充分发挥自身优势，最终让战况向不利于自身的方向发展。

应战人的能力主要从这些可能影响胜负的因素来评估：战术、战意、战时、战况、战态、战耗、战资。这些因素不仅影响军事战役的胜负，也对商业竞争中的胜负有极大程度的影响。这些因素也是豪威尔战略打分榜中的主要考核内容，结合品牌定位、新品差异化，更能发挥其巨大效果

（详情参见豪威尔环）。

企业的复杂问题需要专业化的咨询师或者团队来解决，这就如同医生面对疑难杂症，需要专业团队会诊分析并给出治疗方案。

某些企业管理者很舍得花钱，也愿意花最多的钱找最贵的咨询师，但通常还是未能拯救自己的企业，其中的原因可能是企业本身并发症过多。

企业是一个独立的生命体，有健康和非健康之分。在建立企业之初，管理者就要关注企业的健康状态，对企业进行适当的保健，避免企业精力和寿命的无节制的透支。少部分目光远大的管理者，他们会在市场行情好的时候，就开始为日后企业可能面对的危机做好准备。

在咨询行业工作多年，我才意识到企业健康的重要性。企业如同一座大厦，大厦倾倒往往是因为自身被各方面因素侵蚀到一定程度了。如果在大厦第一次掉墙皮时就开始关注大厦，可能就不会发生大厦坍塌的大祸了。

管理者在日常工作中要关注企业的健康状态，健康企业的品牌影响力更大，存续时间会更长，抵抗风险的能力会更强，发展的势头会更猛。

经营异常的企业就如同急症室内等待手术治疗的患者，如果能够及时发现小毛病，及时治疗，很多企业完全没有必要走到这一步，大多数企业只要运用好豪威尔环就可以化解掉很多危机，或者向咨询师求助。

咨询师会结合企业中的常见问题对经营异常的企业进行综合性诊断，经营异常的企业会表现出一些症状，如竞争力不足、防御壁垒太低、利润严重下滑等。某些经验丰富、思维敏锐的管理者能够在症状出现前察觉并处理好症状，以恢复企业的健康。缺少经验、思考不够全面的管理者则可能遗漏这些症状带来的危机，等问题出现后才会着急地寻求解决方法。

其实很多问题在爆发出来前，都不是太大的问题，往往是管理者的拖延、部门合作的不协调、市场调研做得不全面等因素加重了问题，所以及时察觉企业中存在的问题、解决问题是保证企业健康的有效手段之一。

医生旨在医治病人，咨询师旨在拯救企业，律师旨在捍卫公平，教师旨在教书育人，每个职位都有自己的宗旨。企业管理者旨在为社会、市场、顾客带来一系列具有差异化的新品类，让社会群体从中获得生活改善、工作改善或环境改善。

4 第节

防范风险，才能走得更远

战术服务于战略，战略影响着战术。商业竞争中可选择的战术有很多，自救就是战术的一种。商业竞争中只懂得前进而不懂得暂时歇息、停留以避开风险的企业，是无法走得更远的。

若把自救看成企业的防御壁垒，进攻就是企业的竞争力，两者结合起来就形成了进可攻、退可守的竞争优势。竞争优势的巨大作用在于保证企业和其竞争者之间保持足够的距离，并形成一条让其他竞争者无法轻易越过的鸿沟。正是这条鸿沟，确保企业有了暂时的安全。

每一个既有品类及其对应的竞争优势在品类发展到一定阶段时，都会主动或被动地对外公开，顾客能清晰地了解到这个品类的作用和存在的意义，这就是既有品类的竞争力和防御壁垒。新品类尚未发展到一定阶段时，其竞争优势是比较模糊、隐晦的，不被外界知晓，这是多种因素造成的，隐晦的竞争优势可通过较为简单的方式就能了解，模糊的竞争优势却需要通过多种方法来传播。

这是什么原因造成的？我认为与以下两种管理者有直接关系：一是开创新品类活动的部分管理者想一家独大，不愿对外分享新品类的红利期或者以利己而不利整体的方式遏制新品类的发展；二是部分管理者对品类联盟的形成持反对意见，他们认为品类联盟的发展需要自身做出巨大牺牲，但没有意识到蛋糕做大的好处，按劳分配之后每个人的平均收获相比以前是增多的。

他们假设新品类既然还没有发展到一定阶段，现在还很弱小，不能承受太多的竞争和关注，如“新品类会承受不住竞争者的关注、新品类不应该过早地承受竞争压力”，其实这些想法是不完全正确的。如何判断这些问题，需要运用商业行为对其进行详细分析。

商业行为复杂多变，需要企业管理者结合品类理论，集思广益地对竞争行为及利益方面的回报进行全面解析，以此推测某个阶段竞争对手可能会使用的商业手段或战术。如果只是个人对商业竞争做出决策，必然导致解决方案的不完善，因为集众人之力尚有不足，更何况以一人之力应对纷乱繁杂的商业竞争呢?

正确的商业行为会有利于新品类的发展，较好的处理方式是与1—2名专业人才沟通商议，需要把问题明确得更清晰，问题明确得越清晰，方案的完善度就越高。

通常，正确的商业行为可以让新品类在各个发展阶段都处于利润的上层，甚至是顶峰，这由企业投入的时间及资金来决定；错误的商业行为会损害新品类的发展，导致新品类在各个发展阶段都可能处于低迷状态，至于管理者打算将利润压低的程度，也完全取决于投入的时间及资金。这对新品类在商业环境中的行动有着较好的启示作用。

第一，如果新品类不能承受太多竞争者的关注，必然会遮住顾客的视野。因为在同等条件下，竞争对手与顾客，都生活、工作在同一环境中，试图遮住竞争对手对新品类的关注，必然斩断了新品类与顾客间的联系，所以，这种行为不仅是无效的，而且对新品类是有害的。

第二，新品类首先是在与既有品类的竞争过程中诞生的，倘若新品类在竞争中力量不足，可能连诞生的机会都没有。反之，新品类能够脱颖而出，是因为新品类拥有的竞争力比既有品类更加旺盛，在商业竞争中，新品类在各个阶段都要比既有品类强才能诞生。因为竞争，新品类才能逐渐取代既有品类，慢慢成为新的首选，没有竞争，也不会有新品类的诞生，竞争是新品类诞生的最好养分和助力，而不是阻碍。真正具有价值的新品类必然能够承受住竞争，以竞争为食；诸如问题品类、运气品类、定位不明品类、伪装品类、占位品类、捞金品类等会避开竞争、畏惧竞争，因为竞争会揭穿这些品类的真正面目，让其无法滥竽充数，它们本质上就不是新品类。

第三，新品类在发展的各个阶段，都在承受竞争压力，也正是竞争压力让新品类比既有品类更加强壮，倘若没有竞争压力，新品类的出现也没有什么意义，大概率会变成既有品类的一部分。竞争压力不存在过早或过晚之说，向来都是刚刚好，正是这些刚刚好才促进了新品类的成长，但有些管理者不知道如何运用好这些“及时雨”而产生了“新品类不应该过早地承受竞争压力”之说。殊不知，这些刚刚好可以人为控制，新品类也是人为创造的，如为新品类注入竞争力、增强防御壁垒、提高竞争优势都是人为的，具体怎么做可以参考豪威尔环。新品类只有在学步期承受住了竞争压力，才能顺利步入青春期，若在某个阶段中承受不住压力，大抵上会被顾客评价为“这个品类是不完善的”，供应商、顾客或者股东，可能对无法顺利进入下一个阶段的品类产生怀疑，如供应商可能逐步缩减供应量或者提高供应价格，股东可能减少投入的资金或分散投资，顾客会将关注度转移到其他品类上。这就是为何同是新品类，有的用时17个月就顺利进入下一个阶段，有的却在该阶段停留28个月，而且还未显露出进入下一个阶段的势头。

新品类竞争优势不明、不愿对外界公开等，很可能影响顾客对新品类的认知，如在新品类的印象、品类好处、广告语、品类情感等方面，会出现概率性异常，或者错把新品类当成其他品类，如冷气扇和风扇、贵妇霜和BB霜，或者错把新品类当成既有品类，如洁面乳和洗面奶、空气面膜和喷雾面膜。

无法对新品类进行清晰定义，充分阐述新品类，就有可能导致外界群体对新品类产生“记忆错误、联想迟钝、感知障碍、妄想”等。顾客、供应商或股东对新品类的认知存在障碍，就无法给予新品类更多的关注，久而久之，新品类就有可能变成不明品类中的一种，如捞金品类或运气品类。

第5节

品类联盟——品类的避风港

倘若新品类中的品牌无法形成一个品类联盟，于外界而言，就会形成各品牌各怀心思、各自作战、互不相助的局面，每个参与者为了销售产品各展所长，甚至个别参与者采取虚假宣传、扩大宣传等手段。这样的市场是无序的、混乱的，缺乏独立体良好发展所需的基础保障，影响了大部分愿意创新、推行新品类活动的群体，也从侧面折射出“规则需要完善”或者“规则需要向前推动”的市场信号。从这个意义讲，品类联盟是规则完善的发起者，也是品类的避风港。

已经加入新品类活动中的参与者，都在等待具有自愿意识的、有能力的参与者挺身而出，主动挑起组建品类联盟的担子。品类联盟的组建者不仅要有资源、才能，还要热衷于建设、创造。具备全部要求的参与者较少，符合前两点要求就可以组建品类联盟了。

品类联盟的组建者想要建立品类联盟，首先需要制订计划，然后开始实施。无论是通过招募形式还是合作形式都可以使品类联盟尽快启动，只有品类联盟成立后，组织才能合法化，同时招募更多的盟友，为新品类谋求更多的共同发展机会。

因为参与新品类活动的行为本身就是商业竞争行为，存在许多不同程度的风险，当然还有机会。部分品牌考虑更多的是风险，对于是否加入品类联盟还有疑虑。在我看来，风险意味着机会，或者说机会要比风险大上许多。

因为大部分新品类没有组建品类联盟的想法，更何况是付诸实践的组建行为，某些发达国家甚至关于品类联盟组建的理论还有待丰富。但有一点可以肯定，那就是品类联盟的存在会好于没有品类联盟，因为后者个体分散经营，各自作战，无法发挥盟友和组织的作用。

成立品类联盟的好处还有许多，如品类遇到危机时，群体的力量强于个体的力量，更何况是有组织的群体力量，其攻击强度、攻击速度、攻击频率都不是分散的个体品牌所能比拟的。在我主导的一些咨询项目中，一些管理者已然将品类联盟组建成功，尽管品类联盟的规模不尽相同，有大有小，但丝毫不影响品类联盟对新品类发展的作用。有些规模较小的品类联盟，因为该品类的发展势能尚未真正到来，所以暂时不需要扩大联盟规模。在较少的市场份额中，品类联盟发挥出的作用不是个体品牌能比拟的，品类联盟的力量是有组织的，而且组织内部配合程度越娴熟，代表着这股力量越不容易被击破。

无论是组建中小型的品类联盟，还是大型的品类联盟，都要以品类的容量作为根据，若是未将容量纳入考虑，就广泛地吸纳盟友，可能形成市场份额分配不够均匀的局面。部分盟友会因为无法吸收足够的养分，萌发另谋出路、自立门户的想法。这个问题产生的主要原因是前期未能对品类的容量与联盟规模的大小进行评估，贸然吸纳了太多的盟友，导致生存空间狭小。所以，联盟领袖组建品类联盟时，应该将品类容量作为第一考虑要素，在吸纳盟友的过程中，控制品类联盟的规模。

一个独立的、完整的品类与联盟之间的关系密不可分，虽然联盟的存在对品类的发展具有较大的作用，但是要考虑一点，那就是“不同类型的品类及不同阶段的品类需要的联盟数量是不同的”。品类在发展过程中并非从一开始的孕育期到最后的死亡期，拥有联盟的数量是恒定的，品类总体的发展需要决定了联盟数量的多少。也就是说，联盟数量的多少并不是首要考虑因素，首要考虑因素是如何为品类提供更加完善的服务。联盟的存在是为品类提供完善服务的，所以应该将第一要素——“品类服务”作为首要标准，以此避免让联盟数量成为品类斗争的武器。

近期，有管理者提及，他们已然遇到“一个联盟力量不够、两个联盟又恶性竞争”的问题，这可能是同处一个联盟中，利益分配均匀、个人贪念多造成的。我提出第二联盟及第三联盟理论，并非想要提高品类发展的困难，而是想将此情况的存在解释清楚并告知管理者，这其实是商业竞争中一种合理、自然存在的行为，我们要做的不是回避，而是控制，一切以品类发展为首要条件而进行的控制！

所以，新品类建立之初，就需要考虑品类联盟的数量。遗憾的是，在这个问题上，理论界的学者和管理者没有明确的答案，需要各方通过不同规模的测试得出一个临时固定值。虽是遗憾，但同样是一种勉励。品类联盟数量的多少是由品类发展决定的，如以“刚刚好”“有效性”作为评定标准，总不会导致结果无法掌控。

从未处理过此类问题的管理者，可能会犹豫不决，但我认为大可不必过于纠结，因为联盟的组建本来就是锦上添花，品类联盟的数量只要不是对品类有明显的危险，通常都是朝着益处发展的。

6 第节

寻找品类联盟数量的最优解

品类联盟数量对品类发展有哪些影响呢？

如果品类中只有一个联盟，其积极的一面是决策速度快，联盟中的成员抱团会更具有凝聚力、目标清晰、目标一致、整体协调性强。消极的一面可能是品类一家独大，垄断性的发展遮住了品类的发展视野，无法让品类的竞争力始终处于巅峰状态。

如果品类中有两个联盟，其积极的一面是两个联盟能够相互促进，共同成长，具有危机意识，且能够让品类处于不停地流转、循环中。消极的一面是两个联盟会为了品类利益相互压制、一心争斗而不谋求品类的积极发展。

如何让品类变得更好，是每个参与市场竞争的选手应该考虑的，品类联盟的存在是提供更好的服务，至于数量多少只是一个前提条件。

我的建议是，在品类的盛年期前，最佳数量是有两个品类联盟，达到盛年期，最佳状态是只有一个品类联盟。这个建议适用于80%以上的品类，无论品类规模的大小、参与者数量的多少，同样适用于此建议，这是团队全面分析多项数据后得出的结论。实际上，某些特殊化妆品、保健品品类已经采用此建议，结果对品类的发展颇有益处。

品类发展势能达到一定阶段，同时容纳多个品类联盟对品类的发展不会有太大的影响；如果品类在相应阶段的市场份额严重不足，而品类联盟数量及成员数量过多时，可能出现大家都吃不饱的局面。品类联盟的领袖需要关注此点，另外，还需要关注某些盟友会以联盟掌握的新技术、新市场策略为切入点，转向尚未衰败的既有品类，因为此时的既有品类在联盟介入前对品类整体的控制性是较低的。也就是说，此时既有品类的一致性、目标清晰度、凝聚力的可提升程度是巨大的，虽然联盟的发展在既有品类上是一片空白，但也意味着其可发挥的空间巨大。当然，将一群“老顽固”撮合在一起是一件困难的事情，彼此竞争多年，矛盾已日积月累，很难通过几个人的游说就让大家坐在一起达成合作。

同样，既有品类联盟的成功组建的回报也是很大的，可能在商业竞争中扩大影响范围，增强扩张趋势，进而让既有品类在自有联盟的帮助下，获得发展，逐渐恢复原有的发展态势，再不济也能延缓既有品类的衰败。据我了解，既有品类的自有联盟与新品类联盟的竞争力完全不是同一个层次，新品类联盟组建时间较长、存在时间较久，盟友间的合作密切。既有品类联盟存在时间较短，多数联盟还是在某些情况下临时组建的，对彼此的忌惮之心较大，这就使得大多数盟友处于观望中，不愿尽全力推动联盟发展，对抗新品类联盟的决心不足，进一步加大了自身发展的困难，这也表明联盟的组建宜早不宜晚。对比既有品类联盟和新品类联盟，我们可以发现，固定资产在特殊的困难时期是一种巨大负累，既有品类的管理者不懂得轻装上阵的舒适感，而新品类联盟对此却谙熟于心，在特殊时期能够发挥出轻装上阵的最大效果。

新品类联盟的组建只需少量资金就能够对新品类活动产生数倍的影响，但既有品类联盟的组建却不是这样的，因为前者从一无所有开始，一无所有能让大家秉持赤子之心并正视自己，后者是在已有成绩的基础上启动这个事情，参与者可能各有各的心思。

品类联盟可让新品类的竞争规则更完善，竞争环境更稳定，帮助新品类凝聚成一股更强大的力量，获得更多顾客的选择。参与其中的盟友的发展是日新月异的，同时生产链中的成本压缩也尤为明显，“一个阶段一个成本”，自身品牌在新品类的发展中是与日俱进的。

联盟可以通过利益共同体在供应链中以低于单体的成本价格获得资源。通常来说，供应链给予群体的成本价格会比单体的成本价格低 15% ~ 25%，这个数值是均值，而且还有较大的谈判空间。如果群体规模的数量超过标准规模的数量，在标准规模的均值上，还有可能以更低的成本价格获得资源，如此看来，这些省出来的资金就是账面上的额外流动资金。管理者对这些“省下来的资金”要有正确的认识，因为某些管理者会误以为这些就是利润，甚至是私人贡献。其实不然，这是群体规模发挥作用的效果，与个人没有直接关系。利润属于溢出范畴，成本控制属于缩减范畴，前者衔接外部市场，后者衔接内部运营，从这一点看，这完全是泾渭分明的两个领域。如何区别这两者，其实很简单——“利润是销售完商品后的营收”，而“省下来的资金在账面上从未动过”。

所以，管理者能看到的是，最大、最先受益的往往是品类联盟中的盟友，品类联盟数量对盟友控制供应链成本发挥了作用，同时保障自身能够大量出货、批量出货，确保账面资金的迅速回拢。

例如，2021 年，几个小型的乳制品品牌，通过组建品类联盟的方式，与其他盟友在技术共享、原料成本方面建立合作。在与供应商进行原材料谈判时，通过超过标准规模的数量，以低于市场 12% 的价格购买了原材料，直接为联盟成员省下 300 多万元的资金。在一些项目上，超过 70% 以上管理者的积极反馈：品类联盟让他们在商业竞争的过程中占了先机和主动权，而且在项目实施过程中让团队直接或间接地学习了较多关于品牌经营、品类经营、联盟组建、差异化等的专业理论知识。

关于技术共享，有一个经典案例的。特斯拉的总裁很睿智，他运用技术开放的这个方法使新能源的品类越做越大。

2014年6月，特斯拉宣布对外界开放其内部所有专利，专利总数高达200余项，其核心技术就是整个电动汽车行业最为重要的电池组控制技术。

2015年1月，丰田紧跟特斯拉的步伐，向全世界宣布开放其5680项燃料电池技术专利的使用权，其中还包括刚刚通过申请的丰田最新氢燃料电池车Mirai的1970项专利。

特斯拉使用的是锂电池，丰田使用的是燃料电池，两个巨头的此次革命性义举，几乎涵盖了电动汽车高达98%的专利技术，代表了新能源汽车领域最具差异化的技术路线，两个品牌开放专利的最终目的是形成品类联盟，吸引更多的竞争对手加入这个品类，一起将品类进一步做大，同时促进新能源汽车配套设施的发展，如充电桩及加氢站的发展等。

目前，新能源汽车电池的续航问题是所有新能源汽车面向市场化过程中的困扰，这个核心问题体现在两个关键点上：一是电池的续航时间短，二是充电时间过长，很大程度上影响了市场用户的核心需求。

由于没有独立的电池能够完全承载新能源汽车的负荷，所以新能源汽车目前只能采用大量的电池组输送电量，如特斯拉的部分车型所使用的电池数量就有上千块。

这还引出了另外一个问题：当其中某块电池发生故障时，如何保证车辆正常行驶，因为某些新能源汽车往往是一块电池坏了，车辆就无法正常行驶。

新能源汽车对电池尖端技术的运用要求极高，难度极大，很少有企业能够做到。例如，新能源汽车提速时如何迅速放电？刹车的同时如何收回电力？这些都是新能源汽车行业的难题。

特斯拉和丰田对专利技术的开放使用，使想要进入新能源汽车领域的企业在技术研发上大大地提高了效率，节省了研发成本、研发时间以及其他资源的投入，更重要的是为新品类的成长提供了最好的发展时机和空间。

两家公司专利技术的开放，一方面促进了新能源产业链的形成，另一方面很大程度上降低了进入该品类的门槛，同时让这块蛋糕变得越来越大。相关数据显示，专利技术开放后，参与新能源汽车的企业数量是之前的几倍，大量汽车企业的加入迅速提升了新能源汽车的影响力，并形成“品类集群效应”，变相加快了特斯拉成为全球市值最高的汽车企业的速度。

两大巨头在新能源汽车品类上合作，所建立的优势在于：通过开放现有的专利技术弥补其他车企在新品类领域的资源不足和能力不足，并获得了“1 + 1大于2，甚至大于100”的效果，为各自带来了持续性的竞争优势。同时，这些持续性的竞争优势也成为这两家企业的核心能力，并且在新品类活动初期就具备了雏形，这就是互利共赢，也是一些后来者无法模仿的。

2022年10月的数据显示，特斯拉以8311亿美元的总市值位居第一，其中2022年上半年，美国电动汽车销量是31.77万辆，特斯拉的销售量是22.9万辆，市占率达72%以上，成为美国电动汽车企业的最大赢家。相比高调的特斯拉，丰田汽车虽然存在感较低，但也稳如泰山，在全球车企中是仅次于特斯拉的亚军。

第3章/CHAPTER THREE

品类联盟与行业协会

第1节

品类联盟与行业协会的侧重及本质区别

在品类联盟的对应阶段，如果品类联盟提前做好品类宣传，积极扩大品类的影响范围，有很大概率能为品类吸引到大量品牌并助力品类发展。这是一种简单且正向的积极方式，对比日常新产品招募代理、招募合伙人的方式，这种方式不仅具有操作性，可重复性强，而且能为市场带来足够的信心。招募代理、招募合伙人的方式不仅被大多数人免疫，而且巨额的代理费用、无法保障利益的分配方式可能导致大多数产品投放到市场中就面临无响应的局面。

有些人对品类联盟提出异议，认为品类联盟其实就是小型的行业协会，两者之间虽然有差异，但是差异不大。一开始我认为这个说法有些道理，但是经过分析发现两者的差异是非常大的。

首先，行业协会是一个覆盖面大、宽、全且品类多元化的协会。例如，茶叶协会就包含了绿茶品类、乌龙品类、黑茶品类、白茶品类、黄茶品类、红茶品类等数个大品类，较小的品类还未被行业协会计入其中。乌龙茶（一级品类）中的岩茶（二级品类）中就包括肉桂、水仙、名枞、奇种（三级品类），而肉桂还可以分为：九龙窠肉桂、牛栏坑肉桂、天心岩肉桂、竹窠肉桂、马头岩肉桂、虎啸岩肉桂、青狮岩肉桂（四级品类）等小品类，这些小品类之间的差异（香气）还有较大不同。

通过简单解释行业协会与品类间的关系，管理者可以看到，某些品类在行业协会中其实是拿不到太多资源和支持的，因为大品类有多个，小品类也有多个，分级至更细致的四级品类所占的市场规模可能只占茶叶这个大品类的几百分之一，甚至定位不明显的四级品类所拥有的市场规模还不到茶叶大品类的万分之一。从这一点上看，规模越小，获得资源的可能性就越低，该品类的发展就越艰难。

首先结合上述行业协会及品类分化的直接作用及分层关系，可知行业协会的规模较大，新品类申请行业协会帮助的流程非常复杂，同时臃肿的组织架构不利于单个新品类的发展。因为，一个行业协会面对成百上千个四级品类，任何一个品类都想多分到一些资源，行业协会面对这些品类要综合考虑如何分配资源，有所取舍。

其次，行业协会因为分管的品类众多，大多数是以层级分管层级的形式进行管理，所以对某些品类的关注度不够，了解也不充分。新品类的商业策略任意组合性高，新品类的活动组织时间间隔较长，行业协会在对外宣传活动力度、后期监管等方面因为自身属性的限制，无法实行分包制、责任制，一旦问题出现，就采用踢皮球的方式，造成势微品类的权利无法得到足够的保障。

再次，行业协会的形成时间较早，行业协会的建立主要是发挥团体的优势，往往以低价的模式采购及销售商品，并不是通过品牌化、品类化去追求更高的市场溢价权。

最后，从原则上说，行业协会通常在某个地区有一个，但这为品类的发展带来了影响。因为行业协会的性质对区域及协会作用的发挥有明显的限制，如每个地区茶叶协会的规模及其对企业的影响，与该区域的特产化、年产值、种类、经营数量等有直接关系。例如，武夷山市的茶叶协会不仅规模可能要比三明市的茶叶协会的规模大很多（暂且不论规模对实际产生的影响及真正作用），而且因为特产化和年产值的原因，武夷山市的茶叶协会在单个品类上的会员数量可能是三明市的多倍。各位管理者知道，数量的多少、规模的大小对品类发展有着积极的影响，其原因在于特产化、年产值、种类、经营数量等。

那么，品类特产化、年产值的不足自然造成行业协会中品类数量的缺失，限制了行业协会及对应品类的发展。例如，三明市没有岩茶（二级品类）中的名枞、奇种这两个品类，那么名枞、奇种这两个品类想在三明市发展其实是很难的，因为该地区不具备发展环境，如果以加入茶叶协会的方式寻求突破，不仅间接增大了行业协会与品类间的沟通障碍，还限制了品类的发展空间。

品类联盟主要是针对单个小品类开展群体互助的活动行为，是为对应品类提供专业化的帮助，所以联盟的覆盖面不必全面，但是要求具有较高的灵活性，是一个覆盖面小且窄但要求精细且高度专业的单品类联盟组织。

例如，天心岩肉桂是一个新品类，该品类联盟是不可能包含九龙窠肉桂、牛栏坑肉桂、天心岩肉桂、竹窠肉桂、马头岩肉桂、虎啸岩肉桂、青狮岩肉桂（四级品类）等品类的，也不会开展这些品类的相应活动，也不能覆盖肉桂、水仙、名枞、奇种等三级品类，及二级品类中的绿茶品类、乌龙品类、黑茶品类、白茶品类、黄茶品类、红茶品类等。

我在分析研究中发现，基于三级品类规模组建的品类联盟面对四级品类的联盟时，虽然三级品类的实力明显高于四级品类，但在专业化的竞争中竟然是后者赢得了胜利。这是为什么呢？

虽然前者整体实力明显超过后者，但由于覆盖的业务范围太过宽泛，无暇顾及对应的四级品类，这就致使竞争过程中，其在专业化程度上与四级品类拉开了距离。而四级品类的精准攻击会对三级品类的市场造成伤害，自然可以轻松地夺得市场中的对应份额，所以三级品类虽然在实力上明显优于四级品类，但是很难抵抗四级品类的精准攻击。

另外，专业化强弱的程度与投入有着直接关联。众所周知，时间、资源投在哪里，哪里就有可能开花结果，商业竞争也是如此。三级品类联盟是将精力分给几个不同的四级品类，而四级品类联盟只需要将精力全部投入一个四级品类中，由此可见，后者成功的可能性高于前者。对四级品类联盟而言，其通常把时间全部投入自身联盟中及对应的品类，所以这是四级品类在与三级品类的商业竞争中获得胜利的主要因素之一。

三级品类联盟想要获得成功，或许应该把这些本不相同的四级品类剥离出去，让四级品类单独在市场上竞争，找到各自的差异化，并自担盈亏。不同的四级品类需要找到市场空位中的豪威尔环，这是在商业竞争中取胜的关键原因。

对比市场中三级品类和四级品类联盟的顾客，虽然他们处于不同的群体，但他们对品类专业化的判断惊人的相似：四级品类的顾客群体认为"四级品类联盟做的业务只有一个，而且在该领域中投入的时间较长、精力较多，他们肯定是专业化的"，进而对四级品类更加信任；"三级品类联盟因为做的业务是四级品类的数倍，且投入四级品类上的时间较短、精力较少，可能四级品类上的专业化略逊色于四级品类联盟的"。顾客在认知中，会以这样的方式对这些品类、品牌进行区分，大抵就是留下足够专业的品类、品牌，远离那些不够专业化的品类、品牌。

综上所述，品类联盟和行业协会有如下不同。

第一，两者的组建过程和时间不同。品类联盟为品类提供的不是大而全的服务，所以品类联盟的组建才能以风驰电掣般的速度完成，而行业协会的组建过程往往是反复思考、多方协商的缓慢过程，行业协会组建成功的时间是不确定的。

第二，两者的服务速度和范畴不同。品类联盟是为对应的品类及涵盖的品牌提供相对精细的专业化服务，是立足市场为顾客群体提供服务的，从而提高品类自身的溢价权，并通过品牌获取更多的利润，当品类需要联盟的帮助时，品类联盟可以快速反馈；行业协会的主要工作是面向内部的，当品类发展急需行业协会帮助时，行业协会往往无法站在品类的角度去理解市场竞争的残酷及激烈状况，也无法理解“对应品类在竞争中失败意味着什么”。导致这种差异的最直接的原因或许是行业协会和品类不是利益共同体，品类前程的好坏与行业协会没有直接联系。

第三，两者的生存方式和对其自身的定义不同。品类联盟是以竞争性质为经营根本的，品类联盟依托商业竞争主动影响竞争状况，进而对竞争结果产生影响，并获取自身发展所需的营养成分。行业协会是以服务性质为经营根本的，其规模及性质使其服务性逐渐失去有效性，影响力无法辐射到商战中的每一个角落，正因为行业协会无法照顾这些角落战场，可能导致角落战场的功败垂成。究其根本，行业协会的本质并非依托于商业竞争，它们只是一堵形象墙，为需要的群体展现出固定化的一幕，所以行业协会听到竞争号角响起时，无法与对应的品类共同面对竞争中的一切。但对品类而言，这种面对具有巨大实质价值，这是来自第三方的支持，是行业协会和品类互为利益共同体的明证。

总之，品类联盟只服务自身所在的品类，既不需要拥有超过自身所需的资源及支持，对资源及支持的要求也不高，品类生长所需的资源及支持主要来自品类联盟盟友的供给，做到这一点，品类联盟即可达到自给自足。这个圈子（市场份额）在一开始通常不会很大，品类联盟的盟友都能够轻松、快速地融入，熟悉彼此，所以在此层面不需要投入过多的时间。组织架构较简单，责任明确，利益分配较清晰等，这些有利于品类联盟的筹建，也有利于品类积极形象的创立。品类联盟只要稍加控制影响，就会避免品类竞争朝着敌对关系发展，也能简化原本复杂的商业竞争信息，从而有益于联盟带领各位参与者推动品类发展。需要注意的是，品类联盟的组建要遵守这些基本原则：宜小不宜大、宜窄不宜宽、宜专不宜泛，轻资产、优分享、重贡献是联盟的立身之本。否则，品类联盟就有可能朝着反方向发展，品类组织架构越来越复杂臃肿，激发出来的关系更复杂，那么品类联盟面临的结果可能就是拆分或者肢解了。

确认品类联盟的立身之本后，接下来就是通过豪威尔环获取第一桶金，然后在一定资金的基础上，获取四级品类的市场份额，再一步一个脚印地发展到三级品类的市场规模，以此类推，这就是品类联盟清晰的发展路径。从这一点上看，新品类的开始规模还很小，品类联盟内的盟友需要提高对新品类资源及支持的注入。

新品类的一路成长，通常需要品类联盟的小心呵护及持续关注，这是新品类发展明显优于单体抚育的一面。联盟为品类的更好发展提供了平台，是企业结识更多盟友、获得更多投资机会、吸引优秀人才、形成强大防御壁垒的直接、有效方式。

品类联盟和品类是利益共同体，品类联盟的存在就是为品类提供所需帮助，其对每个品类的态度都是一样的，即使面对一些势微、不重要的小品类，都是积极帮助的。

第2节

品类联盟的先天优势

品类联盟的架构相对简单，盟友数量有限。联盟对品牌的资源投入，是按盟友的贡献匹配的，简单来说，品类中最有差异化的品牌，往往占据较多的品类资源，当品牌自身足够强大，该品类才会更加强大，这是彼此相互加强的行为。我相信这是毫无争议的，想要获取足够的资源，就需要将品类的力量充分发挥出来，并运用在正确的地方，使其增长。而那些没有任何贡献的品牌，想要在联盟中浑水摸鱼、滥竽充数，是很难的，它们会被识别出来，面临的是被请出局的下场。

品类联盟的覆盖面小且窄，行为低调，不容易引起既有品类的注意，在行动上有极大的自由度，在攻击上又有较高的灵活性。

在发展上，品类联盟主要通过纵向垂直、扎根深入竞争环境的方式，不断地与顾客、股东、成员、产业积极互动，以此获得更多的支持。

品类联盟选择盟友的原则是有能力者居之，无能力、不愿贡献者离之。基于此，才能吸引更多人才加入，积极推进新品类发展，对资源的披露也是公开透明的。品类联盟通常抵制多层级发展、多元化发展，避免新品类朝着错误的方向前行，避免弱化品类联盟对新品类的作用和积极影响。

品类联盟与行业协会同属民间组织，但前者更多的是促进新品类的发展，因为规模较小，通常无法吸引第三方的介入、支持或指导。这确保了新品类与既有品类能在市场中进行合理的竞争，凭借各自的真正实力为社会带来更多有积极意义的差异化品牌。品类联盟通常只服务单一品类，所以对新品类商业策略的任意组合性低，有效行为相应提高，开展新品类活动的频率较高，对外宣传活动力度较强劲，而且组织架构透明，后期监管相对容易，有利于新品类发展的一些步骤可以合理分拆，不容易出现踢皮球的状况。

对比行业协会，品类联盟的优势还在于：品类存在时间较短，且处于高度品牌化的市场中，在此环境下，品类联盟推动品类及对应品牌发展的专业性也是较高的。品类联盟是通过品类化、品牌化获得高于市面上的溢价权，而联盟盟友在供应链中以较低价格拿到资源只是顺带行为。品类联盟是要销售更多的产品，获得更多的市场份额，而非在成本控制上有大的改进。

品类联盟切磋商谈、交换意见的效率高于行业协会。在联盟内部，沟通的话题是如何让品类发展得更好，行业协会沟通的却是如何将资源最优化分配，这两个话题的指向明显不同，最终沟通结果影响的群体也完全不同。

第3节

品类联盟是保护伞

无论是大品牌，还是小品牌，只要身处品类联盟中，都能搭上这辆直通车，飞速发展，甚至小品牌都能获得一些平时想都不敢想的特有技术、业务增长机会、人才等。

品类联盟使一些原本无法打破竞争壁垒的小品牌享受到了中型品牌才能享受的超低成本、超高利润，又让一些中型品牌享受到了大型品牌才能享受的最低成本、最高利润。不仅如此，品类联盟还有很多尚待发掘的长处，但是可以确认的是，品类联盟专为企业服务，可以让小众的品类逐渐变得强大，让一些原本较大众的品类更大众。

若新品类中有一个强大的品类联盟指导品类的经营，那对品类的实质意义是不言而喻的，此前大部分新品类活动依仗的往往是一己之力，力量穷尽时，新品类在市场上的生命力可能提早衰竭。现在，随着品类理论的逐渐完善，集结众人力量共同推动新品类活动，可为新品类发展创造更多的可能性，效果也是明显的。

随着参与品类联盟盟友的增多，投入的资源和时间越多，该品类成功的可能性越大。创建联盟的风险明显小于开创新品类活动本身，所以从这一点看，品牌只需要加入联盟就能获得不一般的效果。

联盟的存在让弱小的个体通过联结的方式形成了一股强劲的力量，当市场行情恶劣时，能够共同抵御恶劣情况；当市场行情转好时，依靠庞大的本体快速吸收足够的营养，毕竟联盟的目的是竭尽全力地为品类提供所需服务。

以品类联盟的方式推进新品类活动，对比个体力量，效果是立竿见影的，个人的英雄时代已经过去，现代商业中伟大、重要的事情都是通过团队合作进行的。品类联盟的组建工作具有挑战性，想要加入品类联盟的管理者不要犹豫或害怕，或许可以尝试组建一个品类联盟，不仅能促进自身品牌的发展，还能为对应品类的其他品牌发展贡献一分力量，毕竟商业竞争充满了风险。这就如同，你未去西藏时，你想象的风景是别人嘴上的只言片语，踏上西藏后的身临其境是别人无法描述的。谁在品类联盟组建过程中迈开第一步，谁就获得了先机，品类联盟能让其在商业竞争中走到一个制高点，这个制高点就是其与他人的不同。有个朋友经常用一句话形容自己："别人想到了，而我，做到了！"

联盟的环境如同学校，我们可以身处其中学习语文、数学、英语、政治、物理等知识，通过运用这些知识，我们在社会中、在工作岗位上崭露头角，甚至锋芒毕露。

联盟的环境又像是一个门派，这个门派活在江湖中，是为个人提供庇护的场所。在这里，我们能学到功法、武学，最终凭此闯荡江湖。

如果组建联盟能够为自身、群体、社会带来无限好处，那么眼前的挑战就不算什么，甚至很多管理者已经暗中准备着杀招，打算通过新品类宣告市场"我来了"，并从既有品类中夺走一部分市场份额。但每个人的能力有差距，少量富有真知灼见的管理者会对市场释放出强烈的信号，告诉竞争对手"我是谁""我的贡献是什么"，让大家对他有所认识。

我相信没有几个管理者不想站在商业界的顶峰，俗话说："不想当将军的士兵不是好士兵"，有能力争取的，都想去争一争。挑战不仅代表着困难及磨炼，还意味着对能力的衡量及评估。

事实证明，部分管理者已经受到启发，着手筹建品类联盟，这让我十分开心。

第4节 既有品类联盟

对比2021年7月至12月新品类联盟和既有品类联盟的组建数据，我发现，既有品类联盟的组建数据明显高于新品类联盟的组建。

2021年7月，既有品类联盟组建的占比为74%，新品类联盟组建的占比是26%。

2021年8月，既有品类联盟组建的占比是72%，新品类联盟组建的占比约为28%。

2021年9月，既有品类联盟组建的占比是75%，新品类联盟组建的占比约是25%。

2021年10月，既有品类联盟组建的占比是68%，新品类联盟组建的占比是32%。

2021年11月，既有品类联盟组建的占比约为67%，新品类联盟组建的占比是33%。

2021年12月，既有品类联盟组建的占比是64%，新品类联盟组建的占比约是36%。

通过分析计算，得出一个平均数据，那就是既有品类联盟组建的占比高达70%，新品类联盟组建的占比只有30%。这组数据很明显地透露出既有品类品牌和新品类品牌的管理者在市场上的反应，这可能跟市场的低迷、不景气有直接关系，导致新品类的持续投入处于较低状态。新冠疫情前，我曾做过数次此类数据的分析，那时新品类联盟组建的占比高于2021年7月至12月的数值，此占比数据在我记录的数据中是最低，既有品类在联盟组建行为上表现出数倍领先于新品类的发展态势，这显示了在不平稳的市场环境中，大部分管理者的投资、创新行为趋于保守，甚至收缩，既有品类却出现了“再发展”的局面，所以数据才会好于新品类。但是有一点，就是这个时候创建的新品类活动，若能达到非疫情下的平均标准，那么其在成功率、收益率、回报率上的数据好于普通时期。

既有品类2021年7月至12月在联盟组建方面的成绩也在意料之中，几个月前我曾分析过，随着品类联盟理论的逐渐完善，最有可能使用该理论的是既有品类而非新品类，因为既有品类是市场上较为成熟的品类，其管理者拥有超前的意识及危机感，有着敏锐的判断能力，有着做出决断、立即执行的勇气，所以这也是市场上品牌延伸、多元化发展盛行的原因之一。

既有品类中的领先品牌，拥有了大量的资源及财力，尤其是第三名后的品牌，它们已然达到青春期，甚至迈过了盛年期达到了稳定期，市场中的地位、拥有的股东资源和顾客拥戴程度非后起之辈能够比肩的。无论是从内部还是从外部环境看，这些品牌已经站在了品类的上层位置，对于一些清晰明了、简单易懂又有利于自身发展的新事物，往往是愿意尝试的。且本书的联盟理论，投入小、限制少、可操作性高，对既有品类和新品类而言，机会是均等的。面对竞争对手减少、竞争标准提升、竞争难度扩大、竞争优势锐减等问题，品类理论为管理者提供了一条便捷路径，只要管理者依靠品类理论找到便捷路径，就有机会让自己与竞争对手拉开距离，在艰难的处境中获得高于标准的收入及增长。

另外，既有品类更能抗住竞争压力，因为他们花费了不小的代价迈过了品类发展的数个阶段，一路走来，深知商业竞争的艰难，时刻保持热情高昂的状态，避免自己一不留神就陷入功亏一篑的境地。位于品类中第三名后的品牌，往往面临被洗牌的局面，它们虽然看似风光，但是在应对头部品牌施压的过程中有些力不从心，管理者今天担心增长过多损害自身定位，明天担心增长不够引起股东关注，等等，身处这种境地，如何确保推动品牌朝着正确的方向发展呢？

想做改进，怕出错，担心出错率高到吓人；不做改进，又怕跟不上巨头的脚步，这其实是很多品牌所处的尴尬境地。所以，这也是既有品类的管理者愿意尝试创建品类联盟的原因，希望能够为品牌创建发展的机会。

从这个角度讲，既有品类当然是联盟理论的第一波使用者，是当下市场中最直接有效的参与者，他们不会放弃任何能够帮助自己的方法。随着品类联盟理论的传播，既有品类会发现有些事情确实如理论中提到的："虽然收益明显，但存在一定难度，需要花一些时间投入"。反观新品类，其没有历史包袱，大多数品牌没有经历过既有品类的发展阶段，不会把难度当成阻碍，反而认为这是一项挑战。因此，从本质角度来说，品类联盟更适合从0开始组建，大家都保持着赤子之心，怀着勇往直前的激情，盟友间的关系较为纯粹，目的单纯，那就是"征服一座又一座的山峰"，从而实现自己当初定下的雄心壮志。当新品类发现已有他人为其探路，就更会信心满满，因为他们掌握了更多的可以直接用于自身的方法。

5 第节

新品类联盟

2021年7月至12月，新品类联盟组建的平均占比为30%，这或许跟新品类活动持续减少有直接关系，面对市场低迷，大部分管理者选择静观其变。管理者这样做的目的，在于最大限度地保证企业现金流的运转，让自己能够在纷乱复杂的商业竞争中应对更多的生存考验。不愿意做出一些有风险性的投资，避免伤害自身企业，这其实不失为一种明哲保身的方法。

品类联盟组建成功的关键因素是联盟领袖的选拔，因为一个真正强大的新品类，必须有一个强大的联盟来领导，而联盟是否强大又是由领袖的能力决定的。联盟领袖要有雄韬伟略，要公正无私、博学多才，这样才能够让联盟的作用发挥出事半功倍的效果。

经常有管理者询问我，联盟领袖主要做什么？有什么好处？联盟领袖职责巨大（而非职权），领袖是品类联盟的核心，在市场是盟友和品类的代表及发言人，涉及新闻媒体宣传、公益事业、吸纳投资、打通供应链等事务活动时都需要领袖站出来发言。

一部分有社会责任的管理者，主动承担组建新品类联盟的事务，这部分人往往心灵通透，清楚地知道“谁是规则的完善者、制订者，其大概率也是规则的熟悉者”。当有更多的人意识到这一点时，愿意加入进来担任领袖的管理者估计会更多。联盟领袖要积极主动推动联盟的发展，推动各品牌发展差异化，才能让联盟内的品牌及相应管理者获得更多的发展机会。

市场中大多数品类面临着同质化发展、多元化竞争，这让具有差异化的品牌深受其害。新品类联盟的作用之一是让具有差异化品牌有较好的发展空间和机会，避免劣币驱逐良币；同时让处于商业竞争的同质化品牌认真思考自己的发展和未来，努力寻找自己的差异化，确定自己的发展方向。

第4章/CHAPTER FOUR

建立优势，避免误区

第1节

以竞争为导向建立差异化

关注外部市场及商品的差异化，这就是以竞争为导向，如果企业能正视这一点，就能把心思放在打造产品差异化、品牌差异化上，这才是适合市场竞争的商业行为。

当企业意识到这么做很重要，并开始这样做时，顾客可能就选择购买该产品。促使顾客做出这个购买决定的原因就是企业的产品与众不同，而且有所代表。

豪威尔环中的第五环“差异化”，明确告诉大家：产品必须和他人的有所不同，这要求每个品牌要有自己的特色。例如，奔驰的特色是乘坐舒适，宝马的特色是易于驾驶，奥迪则侧重科技感，所以三者瓜分了豪华车的大部分市场。没有特色的产品在市场中缺乏明确的定位，所以顾客不知道“它是什么”。

产品有了自己的差异化，企业就要针对差异化确定相应的战略定位，这么做不仅有益于商业竞争，也建立了自己的竞争力和防御壁垒。如下这些关键点可供各位管理者借鉴，帮助管理者理解差异化，了解验证标准。

差异化的特征是：差异化要与众不同、独一无二，而非雷同；差异化要浓缩产品价值，即提供给顾客购买你而舍去其他竞争产品的理由；差异化要有合理性，在行业背景中也要有合理性；差异化是以合理有效的信任状为支撑的。

验证标准是：能让消费者产生该品牌比其他竞争品牌更特别、更优良的感觉；差异化足够明显，可用精辟的话语表达出来，与其他竞争产品区隔开来；让消费者感觉到该品牌与自身相关，差异化概念可以获得目标顾客的积极响应。

差异化能够建立合理有效的信任状。

抱怨钱太难赚了、生意不好做的管理者没有为自己的品牌及对应品类寻找到自己的差异化，没有考虑到让顾客在一群相差不多的商品中找到自己确实太难了，他们通常不会为"自己是相差不多商品中的一员"而脸红，所以他们在商业发展过程中往往只能走完10%的路程，走完50%的路程才算是小胜，只有走到那里，才会发现走完10%路程的管理者是多么的固执与无知，正是固执与无知止住了他们的脚步。

暂时没找到产品差异化的企业，大多数时候会陷入麻烦中。若是资源、财力充足，尚且能够自救；若资源、财力不足，无法自救，面临的可能就是自己慢慢地陷入泥沼之中。

其实，自救的方法在商业竞争中与攻击的方法一样多，只不过很多企业不愿意对外披露。如何用好自救方法是管理者需要学习的，其在商业竞争中也占据了重要位置。通常，自救方法来源于日常的自我保养，倘若能够做好这些保养，在面对冲突、困境时，企业也有强劲的体魄去抵御和化解危机。

在寻找产品差异化和处理危机的过程中，管理者要做的是防止自己在商业竞争中轻易地被伤害。商业竞争中充满风险，如何有效避开不必要的风险，取决于管理者如何理解商业竞争，用好方法对管理者的要求是很高的，也是管理者趋利避害的有效方式之一。

第 2 节

培养“竞争对手”

领袖在品类联盟的日常管理中要注意，吸引盟友、扩大品类影响力、清退低价值选手、对强劲品牌的有序谦让的行为会对新品类的发展产生积极作用，会极大地推动新品类的发展，也让新品类在商业竞争中占据着较为稳固的市场地位。新品类一步步、连续性的前进，吸引了更多顾客的信赖、投资者的信任和人才的信任，这与建立联盟的初衷是一样的，就是将不同的群体连接在一起，为新品类提供细致化的服务，并使这些群体短暂时间内由联盟领袖带领、指挥，发挥积极作用。

对强劲品牌的有序谦让只是一种形式，最终目的是把蛋糕做大，可以从中获得更多的利润。

吸引盟友及清退低价值选手的方式，跟有序谦让一样，都是为了扩宽品类的赛道、扩大品类的容量，以便早点实现利润增长。如果管理者能够明白这些道理，那么考虑任何商业决策之时，应该以品类为主、以品牌为辅。从表面上看顾客的行为——他们选择的是品牌，但他们真正选择的是品类的某个价值（差异化），是品牌链接了品类，以此发挥作用。

大家都了解，哪怕强大如可口可乐，都无法做到不让它的顾客群体不选择百事可乐，可口可乐代表传统，老一辈人都喜欢喝可口可乐；百事可乐是年轻一代的选择。不同的品牌会瓜分不同的顾客群体，品牌要做的是做好差异化产品，牢牢抓住这些顾客群体。

顾客会关注某品类的主要用材、产业发展、社会呼声、资本情况等，因为这些信息与其自身利益直接相关。顾客是流动的，哪个品牌能够适应市场竞争，提供具有差异化的产品或者服务到外部市场，顾客才会对其忠诚。因此，企业和管理者应该立足商业竞争开发差异化产品，毕竟顾客的忠诚是基于产品的差异化价值的。

品类联盟对于差异化及资源要有谦让行为，因为谦让行为表明联盟正在有序发展，可能有些管理者并不了解谦让的作用，其实谦让能够促使具有重要贡献的品牌带领新品类发展得更好。新品类的差异化及资源是有限的，要把有限资源发挥出最大化的效果，品类联盟要对差异化及资源进行合理分配。从经济学角度看，差异化及资源的分配是有倾向性的，就如强壮幼鸟得到的食物会明显多于弱小的幼鸟。

强劲、具有重要贡献的品牌是新品类的核心支撑，在发展潜力及力量强度上也比众多品牌更具优势。因为与既有品类竞争本身就是以小博大，如果联盟中只有资质平庸的品牌，新品类无法打赢这场战役。只有让强劲、具有重要贡献的品牌在短时间内带领新品类突飞猛进，帮助新品类安然进入下一个阶段，新品类才可能有明大。反之，倘若已经朝不保夕，那还何谈未来呢？所以，从这一点上说，重要的资源应该给那些强劲、具有重要贡献的品牌。

让强劲品牌带动新品类的整体发展，保证新品类拥有旺盛的生命力，在这个基础上，培育第二个强劲品牌、第三个强劲品牌，才是可行的。谦让行为不能按照字面的意思来理解，其并不适用于市场份额的贡献，这个词汇包含了更深层次的意义，如技术分享、供应链分享、营销渠道分享、差异化价值的寻找及指导等，这些都是有助于强化新品类体质的良性方法。

但是联盟的成员需要记住，在新品类不够强大前，需要细心培养竞争对手和盟友，新品类缺少这两者的参与是残缺不全的，新品类也会因为号召力不足、影响面过小无法引起外部的足够重视。大概率会发生的局面，就是未来一段时间，新品类会因为外部市场重视不足，出现市场份额增长停滞甚至下滑明显的情况。

发展新品类是新品类联盟存在的意义，其定位就是为新品类的发展提供有效服务。新品类联盟能够对新品类发展提供有益帮助，其存在就有意义，否则就失去了立足的根本，自然没有存在的必要了。

新品类联盟是创新的中心、发展的中心、共享的中心，不能简单地把它定义为一个小团体，要看重其未来的发展潜力，使其发挥出巨大的作用。重视它、培育它，让它在商业竞争中推进新品类的发展，各品牌以此获得经济回报！

忽视新品类联盟的影响，新品类可能会陷入同质化的境地，产品可能变得平庸，企业因此落后，企业竞争力就低，防御性能就差，与差异化品类、颠覆性品类、变革性品类的差距就越大，最终与设定目标的距离就越来越远，能享受到的经济回报也越来越少。

第3节

改善性品类

不具备颠覆性、变革性、差异化的品类，很容易被剔除出新品类行列，因为这些品类通常是改善性品类，从某种意义而言不是新品类的一种，改善性品类通常对于商业竞争的影响并不大，有时候在潮流的影响下，某些改善性品类展现了一定的生机，但大多数是一夜春风吹过后，就在市场中消失。

改善性品类在追赶既有品类时，通常需要企业投入更多的资源，花费更长的时间，但得到的经济回报很少。因为改善性品类自身的属性不明，所以大部分改善性品类在日常行为中表现出了骑墙行为——既宣传自己是既有品类中的一员，又宣传自己是新品类的开创者，但是顾客根本无法区分这些信息的有效性、真实性，自然无法明白这样宣传的目的。

改善性品类并非新品类的一种，新品类是能够在外部市场中被清晰定义的，是具有颠覆性、变革性、差异化的，并且拥有自己的身份标签。例如：既有品类是“洗衣粉”，新品类是“洗衣液”，2008年蓝月亮品牌在市场上推出了洗衣液，那时候的占比还不到4%（新品类开始都是弱小的），它一开始就非常巧妙地将洗衣液品类定义为“浓缩”，并将蓝月亮与“浓缩型洗衣液”紧紧联系在一起，在强敌环绕、国内外一线品牌固守的洗衣粉市场，大家虽然知道洗衣液，但对洗衣液的能否成功持有疑虑。

蓝月亮洗衣液品牌在大家都看不好的市场中，赢得了大量的顾客，颠覆了国内洗衣用品市场，当既有品类洗衣粉中的头部品牌开始拦截阻击时，已然晚矣。蓝月亮洗衣液品牌带领洗衣液这一颠覆性的新品类在众目睽睽之下，突飞猛进。截至2022年，蓝月亮洗衣液已实现连续13年在品类内的综合占有率位居第一。

改善性品类虽然外表看上去与既有品类有一定的差异，但是距离新品类的要求却还有不短的距离。一般说来，改善性品类拥有既有品类的血统而外表持有少部分新品类特征，血统比例通常在70%～80%，外表所占比例在10%～30%，所以改善性品类有时候被看作新品类，有时候被看作既有品类，就像是带有5.1功效的电视机一般，虽然某电视机品牌宣传，只要拥有“这款音响级电视”，在家中就可以享受到5.1的音响效果，还节省了购买音响的费用，节约摆放音响的空间，但顾客可能不会相信电视机的音响效果会比独立音响的好。还有一些新品种，朝着改善性品类的方向发展。例如，板栗南瓜，体型迷你可爱，口感和板栗接近，异于普通南瓜。从产品的竞争力角度而言，板栗南瓜的售价不如板栗，营养又不如南瓜，血统上是“蔬菜与坚果”的结合体，而且蔬菜和坚果的烹饪方式不同，如何烹饪板栗南瓜是不确定的。不明确的标签及食用方式在商业竞争中加重了顾客对新品种的质疑。

同时，不喜欢吃南瓜或板栗的顾客会直接拒绝这个新品种，既然想搭上既有品类的顺风车，就要承当相应的风险。

当然，新品种刚出现，顾客出于好奇，免不了进行尝试性消费，这是大自然对新品种的初生保护，随着时间的推移，这种初生保护会逐消失。这时候，顾客会发现，新品种远没有宣传中的那般魔力，在现实中也就那么一回事，消费也就趋于理性。

我曾经做过一项调查，当新品种被过度宣传时，虽然短期内会获得极大关注，但是随着潮流的逝去，新品种的某些问题会被暴露出来，因为之前的过度宣传，新品种会受到更加迅猛、报复性的打击。75% 以上消费过新品种的顾客会觉得新品种优于过往品种，如果新品种出现问题，支持率会不断下跌，过度宣传可能导致新品种的支持率持续降到 25% ~ 35%，一旦支持率低于 30%，这个新品种可能就被边缘化了，如“阳光玫瑰”天价出场，却黯然收场。

正常来说，新品种的品质要有保证、价格要适中，应该低调面世，逐渐增加产量，可避免高调出场、惨淡收场的尴尬局面。宣传要适度，否则可能带来负面效果；新品种应该与既有品种保持距离，尤其要避免沾亲带故；要连带宣传“相邻品类”的益处，不应宣传自己而打压其他“相邻品类”，避免树敌无数，今天的优势可能变成明天的劣势，不卑不亢才能在商业竞争中屹立不倒。

4 第节

改善性品类的起源

定位不明、解释不清、相互融合等是改善性品类产生的原因。企业和管理者可能没有想过让改善性品类成为具有全新意义的新品类，改善性品类的短期收益在他们眼中似乎是比新品类还要强大的武器，低成本投入，迅速套现。

实则不然，据我了解，通常改善性品类只有获得大量融资时，创始人才能够做到迅速脱手，短期套现。依靠销售额及净利润获得短期收益，是很难做到的，因为改善性品类的模糊性会让顾客无法做出购买决定，在商业竞争中没有竞争力。迅速脱手并短期套现，可能要牺牲自己日后在商界中的信誉及前程，还要承担法律风险，在我看来，这是极不理智的行为。

还有一些情况导致改善性品类出现。例如，管理者开始进行新品类活动时，并未对竞争态势充分分析，忽略、遗漏了某些重要问题，如“这个产品到底是什么”“它能解决什么问题”，等到产品出来后，才发现其在市场中没有太大的竞争力，甚至丢失了原来已被肯定的独特价值，根本实现不了新品类取代既有品类的意义。又如，某些管理者虽然把企业产品、从事的活动定义为与新品类有关，但在现实中，却没有或者不愿投入充足的资源到相应产品上，或是大幅度缩短研发时间，缺少分析市场的相应环节，导致研发出来的产品很难让人联想到这是一个新品类，或者就是跟随型品类。

虽然有些时候，某些企业开创出来的产品，初期没有显现出来革命性、颠覆性、差异性等价值，但通过调查或者外部专家的发掘，后期可以从中找出三丝两缕的独特内在价值。这么做的目的，就是先找到商业突破的机会，不断向前跃进，最终找到新品类在商业竞争中的独特价值，并成为取代既有品类的竞争核心。

其实，从商业角度看，有的企业以开创的方式进行新品类，有的企业以模仿及跟随的方式进行新品类活动，但大多数以失败告终。实际上，新品类的开创行为与竞争力强弱之间没有直接关系，因为开创行为最终的成功或失败都不一定代表自身竞争力的强弱。

为什么这么说？

企业开创出来的品类在商业竞争中取代了既有品类，随之获得了大量的市场份额，并取得了成功，由于未能及时升级自身的定位及服务，在青春期阶段又被新的竞争对手拦截并击溃，这个时候怎么判定其竞争力是强劲还是微弱呢？

我只能说成功对竞争力及每个人而言，都是暂时性的。但失败不同，失败对竞争力及每个人而言，可能是永久性的。这两者间的不同之处在于，成功往往不会停留太久，失败却能停留很长时间。

如果一定要解释这两者间的关联，只能用开创新品类的目的来解释。开创方式是增强竞争力的前提，开创行为是影响自身竞争力强弱的关键因素。

例如，空调较于风扇、新能源车较于油车（但不包含油电混合，因为油电混合是改善性品类，与洗沐一体产品相同），每个单独被创造出来的产品，绝不可能是一个人、一个团队就能研发出来的，应该是多个人、多个团队，甚至数百家企业齐心协力打造的产物。

既然如此，通过开创行为进行新品类活动，必然有着自己的初衷，那就是解决某类问题，解决相应问题是新品类活动成功的关键，也是与既有品类的楚河汉界，这是与既有品类最明显的差异。

企业和管理者要做的就是把不够明显的差异找出来，评估利用这个差异是否可以达到逐渐取代既有品类的目的，在时间节点上通常不是考虑多久能够完全取代既有品类，而是应该凭借“获得每一场小型战役的胜利”来不断扩大自己的优势，提高胜率，在与既有品类分出胜负的决战中，企业才有足够的资源、力量正面对敌。要知道，虽然新生物的差异化是超级武器，但是当实力与竞争对手有巨大差距时，直接以正面冲锋的方式迎头而上只会把自己撞得头破血流。

改变没有太大竞争力的产品，还有一种方法可以尝试，那就是淡化看上去几乎相同、类似的特征，保留自身最具差异的那部分独特价值，同时放弃计划获得的大部分市场，集中力量冲击那些可以被攻占的区域。

不管怎么样，生产出来的产品最终还要接受市场的检验。你不能把投入10元就能收回2.8元的公式，套入到或许投入100元才能收回3元的现实情况，因为不管是在资源等级、回报比例上，都是当下市场做不到的。

事实上，我经常遇到此类事情，项目方需要我协管新产品研发（这显然超出了我的能力），并对品质及相应品类定位进行精准管理，以便后期进入市场时能够轻松迅速地实现大量销售。但在时间及资源投入上却过度压缩，如“确定相近产品的品类定位，大概有12个环节，最快要7—10

天完成”。在这个期限内，我是完不成的，但是项目方领导认为我是故意拖延，甚至能力不行。我也告知项目方若是提前完成，可能会面临哪些风险，对方似乎不以为然，他们不管新品类诞生的程序步骤，似乎以为只要产生了结果，后期大抵上就能成功一般。结果是能预料到的，因为时间紧迫遗漏了在该品类中可以实现的诸多有价值的市场线索，增加了新产品后期进入市场的难度。我不知道项目方会不会发现是哪个环节出现了问题，或许觉得我是最大的问题吧！

由于环节缺失，把一个相似的产品硬与新品类概念扯上关系，这明显不是什么理智行为，还不如老老实实地宣传自己是细分品类，这么做虽然与初衷有很大的出入，且所获取的市场份额及净利润会少很多，但是更加符合市场行为、更加保险，实物与宣传也能够匹配的上。

有些企业和管理者陷入了死循环，或许是因为已经投入了大量研发资源，即使持有少部分特有技术，也声称他们进行的是新品类活动，面对“直接的竞争对手是谁？”“为什么是他而不是别人？”“这个产品想解决什么问题？”“与众不同的差异化是什么？”“新产品与既有品类有何区别？”“取代既有品类根据是什么？”等问题，大部分管理者说得头头是道，但产品却与他们口中所说差异较大，或者说现下产品的差异是比较微弱的，几乎很难找到。我相信，对于这一点，他们不是没有发觉，只不过心存侥幸，试图蒙混过去。

5 第节

改善性品类向新品类的转变

如果能够确定企业研发的产品趋向于改善性品类而非细分品类，这对企业和产品来说，还是比较幸运的，因为改善性品类的选择远比细分品类多，通过适当的干涉就可以让投入的资源发挥出相应的作用。如何把改善性品类发展成新品类？虽然目前没有只使用一种方法就可以让改善性品类变成新品类的，但是解决根源性上的问题可以让改善性品类朝着新品类方向发展。通过“发掘差异→过滤淘汰→识别错误→找到正确→升级差异→确立差异→鉴定差异→形成对立”等步骤尝试找到可用的、有效的差异化，是目前我使用最多的一种方法。这个方法几乎适用于大部分品类，使用该方法时，需要进行小规模、多频率的头脑风暴会议，不要害怕争论，但争论中需要从理性的、顾客的角度思考、辩论问题。要邀请来自前端的销售人员参与头脑风暴会议，他们能够给出一线的客户声音，这部分才是探寻差异化的真正核心。没有销售人员参与的头脑风暴会议总是缺乏一些真实有效性。

通过逐步分解的方式反推，你会得到令人惊讶的发现，我经常用这个方法找到既有品类的致命之处。使用上述方法不限定人数，而且这种方法特别适合一些中小规模的组织，不需要什么成本就能够凭借依据找到差异化。

另外，在竞争程度激烈的品类领域，若改善性品类中的新品类血统太少，是无法通过逐步改善的方式成为新品类的，因为这需要付出更加高昂的成本，而且实现过程中还可能面临一系列的变革风险。例如，几年前我曾经手一个饮料品牌，项目方进行新品类活动时并未进行充分的分析和调研，也未考虑新品类血统方面的数据比重，就贸然进行产品研发，导致生产出来的成品只有新品类20%的血统（通过专业数据模型分析得出该数据）。试销阶段遇到了很多急需解决的问题，如“口感怎么跟某产品那么接近”“品牌名字怎么听起来像药”“产品的售价这么高却没什么利润”“这款产品的定位不清晰，卖不动”等。前前后后投入的400多万元的资金，就这么浪费了。我明确告知对方，这款产品明显属于改善性品类，而且还是问题比较多的改善性品类，想将其转变为新品类，难度很大，原因在于：第一，试销过程中市场反馈了诸多问题；第二，试销是商业竞争中一个不该有的环节，会引起竞争对手的注意，从而加大开创者打开市场的难度；第三，饮料市场中的竞争太过激烈，项目方能否承受将这个改善性品类变成新品类的时间等待。

众所周知，饮料品类的市场口味时常发生变化，竞争激烈程度远远高于大部分品类市场。如果一开始企业无法找准自身定位，就会导致差异化与新品类血统的连接处于断联状态，或者说被顾客、市场认为这只是一个名不见经传的小类目，不被视为全新的品类，从而被定义为一个模仿性的产品。

项目方也意识到这些问题，但是箭在弦上不得不发，只能姑且一试，如果成功，后续还会有股东愿意投入资金，而且新投资人也在观望中，且对产品很有信心。听到这些，我认为对方可能没有意识到事情的严重程度，所以我明确告诉项目方：“产品成败的可能性完全取决于外部市场的竞争实况，而不是取决于信心，或者继续投入资金”。在这个基础上，我建议项目方立即停止投入资金，无须聘请我为咨询顾问，至于前期提供的咨询建议就此作罢。我还告诉对方虽然产品试销失败，但在市场上的概念宣传已经引起市场大部分竞争对手的关注，竞争对手很可能立即跟进，毕竟这明显是一个可以改善市场的机会，竞争对手可不会无动于衷。

继续投入资金，可能面临的风险是，产品尚在改善过程中同类型产品已经进入市场，并率先进入顾客的心智中，那么对项目方来说这就是一场较为被动的战役。即使改善性品类最后成为新品类，新品类中的最佳定位及差异化也可能被他人占据，这与企业的初衷不符，这就印证了前期的预测：“后面所做的努力，有可能功亏一篑”。

后来，项目方坚持尝试，在预计2.5个月回炉时间的基础上，又延期2个月调整产品，再次找到我。我通过竞争分析发现，这个市场已有了诸多品牌，我禁不住发出“果然如此”的感叹，至于处境是不是很危险，还要通过分析才能得出结论。

分析后发现，虽然高度类似产品领先一步进入市场，但这些产品只是占据了该品类中的第三定位、第四定位，大部分产品处于有定位但还是用延伸品牌的方式应对市场竞争。最佳定位和第二定位还未被占用，也无人宣传，我觉得造成这种状况的主要原因是这个品类暂时还未被一些熟悉商业竞争者关注，否则最佳定位必然会被占据，而且产品进入市场时间过短，咨询业人士也未介入这个新品类中，否则就是另外一番光景了。

我果断联系项目方，欣然告诉对方这些情况，并接受项目方的邀请加入项目，着手为这一新品类打造全新的定位及差异化。这件事情给了我很大的启发：项目方管理者的执着和不服输的态度拯救了企业和产品的未来。

第 6 节

问题的等级排序

解决阶段性的问题比解决长期问题所消耗的时间和资源要少得多，一次性将可能发生的问题全部处理掉也好于在不确定情况的条件下就动手实行。若开始就能把新品类进入市场时可能出现的问题定位清楚并找到解决方法，后期不仅轻松许多，也不用过于担心产品进入市场后面对的不确定性。

管理者进行新品类活动时需要将遇到的问题进行等级排序，并标记重要程度，依据日常工作中对这些问题处理的详细记录，就能够识别出哪些是真正的问题，哪些是掩盖性问题，哪些问题已经解决，哪些问题还没有解决，产品进入市场后，自然不会因为准备不周面临诸多新问题。

做前期准备工作时，不要因为想要快速变现而过分追求产品的研发速度，有序的活动安排要以合理的时间安排为支撑，时间不足可能导致原本计划的新品类活动最终变成改善性品类。企业管理者不要过于担心新品类活动周期的缩短对新品类有负面影响，可运用一些有效的管理方法应对新品类活动周期缩短的现象，只要满足一些关键因素就可以避开可能存在的风险，同时会对新品类的利润率产生积极作用。

我对近几年经手的一些项目进行数据分析，发现企业管理者进行新品类活动时，大部分会有意无意地侧重或遗漏某些工作，导致不该花的时间花了，而急需投入时间的环节或者工作被漏掉。我将这些影响新品类成功的原因，用日常工作中投入的资源及时间占比进行阐述，便于各位管理者清晰感受到容易犯错的问题点在哪里，也能直接地让管理者看到对新品类活动成功的影响因素主要来自哪些方面（见表2）。

表2 成功品类、改善性品类和失败品类分析对比

序号	工作	成功品类	改善性品类	失败品类
1	前期市场竞争分析	93%	68%	56%
2	清晰的市场定位	87%	64%	48%
3	与众不同的差异化	88%	63%	45%
4	独一无二的品类特性	86%	58%	46%
5	充足的前期准备	92%	60%	33%
6	有序的跨职能合作	91%	54%	32%
7	技术优势	83%	68%	53%
8	新品类优势得分	88分	62分	44分

从表2可以看出，“新品类优势得分”是由第1点至第7点所产生的投入资源及时间占比决定的，也就是说，总体分数会受到7个方面的影响而变动，“前期市场竞争分析”作为新品类活动后续开展的关键因素，直接影响了新品类活动研发时、投入市场前能否找到自己的定位、差异化及特性。

从数据上看，“前期市场竞争分析”在7个方面中的占比最大，而且投入的越多，对后续活动的影响也就越大，这意味着企业对市场的了解程度和应用程度越高。反之，“前期市场竞争分析”投入少时，后续6个方面的占比就会低，“新品类优势得分”也会低，可能朝着失败的方向发展。

“有序的跨职能合作”及“技术优势”是关系企业内部运营完全发挥作用、新品类未来在外部市场竞争中优势的主要方面。市场外部无法单独产生优势，只能以内部运营为支撑，这就像美人在骨不在皮，骨架是支撑外表的关键。

对工作内容进行排序，是决定新品类活动成败的关键，通过排序可将一些无关紧要的工作剔除，从而确定了新品类活动的焦点所在。这就是将有限的资源投入真正能产生效用的地方上，不仅会使新品类在各个阶段得到升华，还让管理者知道问题出现在哪里、哪里才是建立外部市场竞争力的有效路径。

如果第一次进行新品类活动，企业要把相关的核心工作依次找出，同时把无关紧要的工作剔除，无疑是有一定难度的，因为开展新品类活动消耗的资源是不可估计的，消耗的资源也会影响活动的日后发展，是引导新品类朝着主干道前行还是偏离了主干道，对这个问题的判断消耗了管理者的大量精力。所以，如何对资源进行合理分配是一门重要学问。良好的资源分配机制会对管理者的工作大有帮助，若在资源分配机制方面遵循这三条准则——效率、稳定、公平，其实能够避免很多烦琐的事情。

这三条准则在我的职业生涯中起着异常重要的作用，帮助我解决了很多关于新品类项目的问题。我们可以为三条准则创建一个项目清单文档，如“每项工作的资源消耗对新品类活动成败的影响”。

管理者应以该准则作为资源分配的首要标准，在保证“效率至上”的前提下，承担起资源最大化利用的责任。同时要考虑“效率之后的稳定”，因为对商业竞争而言，所有人首选的肯定是稳定性的收益而不是风险性的收益，这是符合总体成员价值观的。

对新品类活动进行研发的每一项工作，几乎都需要资源的投入，没有资源投入的新品类活动一文不值。对核心工作和无关紧要工作的识别，开始时并不是那么明朗的，也没有想象中的那般容易。若错误地将无关紧要的工作当成核心工作，无疑会造成经济上的浪费；若将核心工作当成无关紧要的工作，后果更加严重，增加了新品类活动失败的风险。

既然如此，管理者遇到这些问题时，如何做比较好呢？本书的下一部分将对此提出一些建议。

第5章/CHAPTER FIVE

走向成功，延续成功

第1节

术业有专攻

术业有专攻。新品类活动需要由专业人员指导企业开展，以此降低新品类活动的风险，提高成功的概率。现实中，一些安于现状的管理者，担心“专业人才代替自己”“有人挑战自己的权威”“自己被看成没用的人”“新品类活动可能失败”等，开展新品类活动时犹豫不决，瞻前顾后的。开展新品类活动的管理者，不仅要有知识，还要有智慧；不仅要为开展新品类活动做好充足的准备，还要有很强的执行力，否则计划再周详，迟迟不行动，也只会浪费更多的时间。同时，要承认“我们看上去并没有那么强”。

我经常提醒自己：“我会的不多，只会一项技能，可这一项技能正是我赖以生存的关键”。

这么多年来，许多管理者让我扩大咨询范围，把“运营效应”“组织架构”“股权分配”等方面的咨询内容增加进去。我没有这么做，正是这份不贪心让我自己的专业技能得以提高。

盲目地贪图省事、省钱，让不合适的人做一些关键的事情，可能为企业的日后埋下巨大的安全隐患。中国有一句话“德不配位、必有灾殃”。因此，管理者要让专业人才做其擅长的事情，过多干扰、控制只会让简单的事情愈加复杂。

在这几年的工作中，我就曾遇到，有些管理者认为大部分员工都能从事跨部门事务，不愿花钱求助专业人才或者机构，认为这样的花费不是花在新品类活动上的，这是多余的支出。这种短视可能导致新品类活动的失败。所以，管理者要做到这一点，让合适的人做其擅长的工作。

无论从什么角度上看，花在专业人才上的费用都是基础费用，不仅不是额外投入，还应该大力投入，因为人才是涉及所有活动成败的关键。缺乏专业人才支撑，不仅难以对新品类活动中的核心工作做出清晰的划分，还可能处理不好新品类活动中的边界性问题，导致新品类边界蔓延、溢出或者收缩，进一步加大问题的复杂性。

第2节

跨职能合作

“接力棒式的跨职能合作”可能是新品类活动失败的原因之一。跨职能合作不能单纯地等同于接力棒跑，即一个部门完成分内工作后就将工作传给下一个部门。开展新品类活动的组织至少应该学会：跨越层级、边界、市场思考问题；跨部门分享自己的成果；主动分享他人成果；将成果转化为经济效应。

不能把不同的个体限定在较小的范围内，这样研发出来的产品必然缺乏完整性。同时，要调动团队成员的主动性、积极性，激励他们投入工作，帮助他们从工作中获得自我满足及他人的信任，这于组织而言，不仅减少人员流动的风险，还会促进新品类朝着更好的方向发展。

让别人主动了解你的最好方法，就是主动分享自己的成果，让单个环节的成果成为总体成果中必不可少的一部分。

“接力棒式的跨职能合作”已经不再适用于今天的新品类活动，这种方式对于多变的市场而言，是僵化、死板、不可衔接的，存在多个弊端。跨职能合作应该充分考虑协同作用，部门与部门之间合作效果应该具有增强性，力图发挥出1+1>2的作用，甚至是1+1>3的作用，这才能为企业建立起足够的竞争力。合理运用好协同作用带来的影响，能够让各部门同步运行，甚至同一时间完成任务。有序的跨职能合作是基于现实情况的，而非传闻或者猜想等的“我听说”“据我了解”“我认为”。部门之间交接工作是要留存记录的，不能以口头招呼的方式交接工作，否则可能增加部门间的配合风险。同时，多个部门明确负责阶段，也为后期项目实施减少麻烦，发挥出推动项目前进的效果。

实际上，如果管理者无法明确阶段，可能就无法了解失败到底发生在哪个环节、是由哪个部门引起的，又怎能避开这些雷区呢？目前，部分管理者仍然认为：研发部门专门进行研发，制造部门专门制造，销售只需要交给销售人员，他们知道怎么销售；销售人员能够很容易地理解新产品，掌握新产品的特点，如果不理解就是销售部门的问题（这种根据从何而来），销售部门没有理由不理解公司及其他部门所做事情的意义。

事实上，顾客咨询店内销售人员某些产品的特点是什么，很多销售人员说出一个所以然来了，这说明部门衔接上还存在问题，研发部门研发产品时往往把销售部这一关键部门忽视了，他们误以为销售人员能够自然而然地了解产品，所以自始至终没有形成一个有效的沟通方式。

我服务的企业，大部分研发与销售部门在交流上普遍存在沟通障碍问题，大多数研发人员认为他们的事情具有重要意义，研发出来的产品与众不同，具有相对应的优势。现实情况却是：当管理者把新产品投入市场后，面对的是销量不佳等问题，研发部门往往把问题推给销售部门，认为销量不佳是销售部门不够努力，或者对产品不了解，导致研发成果无法被销售部门转化。

销售部门认为，销售环节是企业实现利润的保障环节，销售人员的年薪大部分来自业绩提成，所以销售行为不仅影响自己的绩效，也影响企业的绩效，他们更希望把产品卖好，但是产品卖不好，是产品没有特点，没有满足顾客的需求，他们也希望研发部门能够研发出来有差异化、市场接受度高的产品，这样面对顾客销售时，会更容易些。

重研发、轻销售是很多企业中普遍存在的现象。试问，如果销售人员对企业的研发成果不了解，如何能在市场中转化成果？如果研发的意义只停留在单个阶段，能发挥出卓越的经济作用吗？

既然已经知道问题出现在哪个环节，就应该正视问题，给出明确的定位。例如，上述销量不佳的原因是新品类活动中缺乏跨职能合作机制，研发部门把研发成果视为最终成果，未考虑到研发成果需要其他部门转换才能发挥作用，那么在工作中就要加强跨职能合作，避免接力棒式的交接方式。

通常，跨职能合作要求项目团队中的成员进行必要的、充分的交流，以确保新品类活动顺利进行。首先，管理者将所有力量集中起来，作用在一起，是后期焦点释放的前提条件。其次，管理者若能确保每个环节的投入都在预期目标之上，会对投资方及团队成员的信心起到鼓舞作用。加强团队成员的紧迫性及责任感，是确保跨职能合作持续、顺利进行的有效方法。

在研发阶段，管理者就需要制定出关于新品类活动项目的定期评审机制，保证项目定期评审能够按照阶段进行。通过项目定期评审，我们从中发现被忽视、隐藏或者不容易显现的问题，这类问题通过其他方式无法及时发现，所以这个机制能够确保研发阶段项目的及时完成，并顺利进入下一个阶段。项目定期评审还能够让管理者及团队成员迅速解决这些问题，提升团队成员识别问题的能力以及解决问题的速度。通常而言，项目定期评审的最佳时间是一周一次，如果没有其他调整，每周落实到位是保障阶段研发项目成功开展的有效方法。

项目定期评审是由项目进度驱动的，项目进度作为阶段研发的控制器，分管时间控制、资源控制及人员控制等方面。项目进度决定阶段研发何时进行，包括启动、暂停、项目结束。通过项目进度驱动流程表，能清晰地看到项目目前处于什么位置、面临什么问题、能否提早完成等。

销售人员作为最接近顾客及外部市场的一线人员，身上肩负的不仅是销售产品，还要收集情报、反馈信息、提供技术支持等增值服务。增值服务的提供使顾客认为销售人员具有一定的专业化知识。现实中，我经常询问销售人员“你们的产品与竞争对手的有何区别”，销售人员的最糟糕回答是“其他家的产品我并不很清楚”。有些销售人员给出的解释比较令人满意，“我们的产品定位是游戏本，竞争对手的定位是商务本，如果您考虑的是游戏本，那我们的产品非常适合您”。

案例1：

这个案例就是“跨职能合作”的一个非常经典的例子，这是我曾参与过的一个国外项目，项目结束后征得项目方的同意，我就发布在网上供国内管理者参考。过了几个月，国内某管理者看到这个案例，就请我为他们提供相关的品类咨询服务，帮助他们在一定区域内实现品类的市场开拓，并为新品类寻找一个清晰的定位。最终用了两年的时间，在他们所处的区域及周边城市开设了8家连锁店，到了发展中期，其利润值均是同等餐饮店规模的至少2.5倍。

日本有一家企业叫作“我的株式会社”，旗下有很多标识为“我的”的系列餐厅，其中较为成功的是“法国菜”系列餐厅。这里大多数人都是站着用餐，餐桌不配备餐椅。不仅如此，餐桌也非常小，餐桌之间的间隔非常狭窄，顾客稍一挪动就会碰撞到其他顾客，但奇怪的是，顾客不仅没有发生争执，反而因为狭窄的空间产生了较好的互动交流。“法国菜”餐厅的顾客络绎不绝，长长的等待队伍已经说明了餐厅生意的火爆。与其他高级餐厅不同，这里可供预约的位置非常少，想在店内用餐只能当天尽早去店门口排队。

翻开餐厅的菜单，可以发现这家餐厅的菜品“异常豪华”，实际上用

“异常豪华”这个词来描绘这些菜品，还是不足以表达菜品的豪华程度。

餐厅的菜品使用了如鹅肝、龙虾、松露、鱼子酱等高级食材，每种高级食材都有各自的出产地，这些出产地的含金量可是异常之高。

例如，鹅肝是法国朗德鹅的，法国朗德鹅也被称为西南灰鹅，法国朗德鹅生活在法国西南部靠比斯开湾的朗德省，该地出产的鹅肝被当地人视为正宗货，当地人经常自豪地说“只要是这个地区的鹅肝，你通过气味都能识别出好坏”，由此可见，这里的鹅肝非同一般。该地区的鹅肝不仅在颜色、完整度、重量上与其他地区的鹅肝有着显著差异，而且蛋白质、铁、钠、卵磷脂等含有量也比法国其他地区的鹅肝高出许多；质感上异常的滑嫩细腻，还自然散发出浓浓的牛乳香味，轻轻地抿一口，鹅肝在口腔中自然化开，牛乳香味包裹着味蕾，甘甜久久无法散去，回味悠长，令人还想再来一口。

又如，龙虾选用的是澳大利亚新南威尔士北部的龙虾，与其他地区的龙虾相比，这里的龙虾通体火红，但每个爪子都为金黄色，不仅看上去十分健硕而且肉质细嫩滑润、肥美且有恰到好处的弹性。该地区的龙虾具有油性低、蛋白质含量高且汁水充盈等特点，肉质透亮，腿部肉味比尾部还要稍甜些许。该地区所出产的龙虾在全球各地被划入顶级海鲜。

其他食材品质与上述两款大抵相同，仅食材的来源就足以在餐饮行业中引起轰动。除此之外，餐厅对于菜量毫不吝啬，分量充足，服务员还经常提醒点单顾客要根据食量下单，避免浪费食物。多数顾客在网上表示“该家餐厅的分量明显高于其他餐厅”。

虽然食材品质好、菜量足，但餐厅的部分菜的定价多数都在1000日元以下（根据2015年2月汇率换算，1000日元约等于52元人民币），更不可思议的是，这家面积不到70平方米的餐厅，每月营业额高达1900万日元（约等于98.8万元人民币）。我计算了一下，这家店平均每天收入达到3.3万元人民币，如果一桌菜是700元，那么一天至少要卖出47桌（事实证明，我确实肤浅了，但在冥冥之中，却为我日后在国内接下来的项目，埋下了一个伏笔）。

我为这个项目提供的是阶段性的咨询服务，我在咨询任务完成后，没有继续投入时间跟踪这个项目，而且主项目方是我的好朋友，对于他的能力我不会有任何的质疑，所以我就更放心地撒手了。事实证明，好朋友的能力确实强劲，在与他的一次闲聊中，他告诉我这个项目后续的落地发展及这家店的营业收入。听后，我是很怀疑人生的，潜意识中我觉得国内没有这种项目，自然也就觉得这几乎是不可能发生的事情。继续询问后发现这家餐厅拥有超高人气的秘诀，那就是：一流的餐厅主厨；高品质的顶级食材；充足的菜量与极度合理的定价。

正常情况下，一流主厨烹饪的高级美食菜品定价不可能低廉，但“我的”系列餐厅做到了，我总结了它成功的原因：

- 高度聚焦一些爆款菜品，剔除烦琐菜品，每款菜品基本都是预制的，所以可以快速上桌；
- 将食材成本严格控制在定价的30%；
- 成本高，还要盈利，就必须增加顾客数量，也就是翻台率，普通西餐厅的翻台率平均每天一次，而“我的”系列餐厅的平均翻台率为3.5次；
- 餐厅的容客量是普通餐厅的3～4倍，因为站着用餐，顾客也不会长时间逗留；
- 由于不接受预约，餐厅不必给顾客预留餐桌，几乎做到“随来—随吃—随走”；
- 有极其严格的点单时间限定，通常顾客花在点单上的时间是其他餐厅的1/3；
- 下午营业时间早，每天下午4时就开始营业，是为了招待更多的顾客用餐；
- 站着用餐很节省空间，平均每三平方米就可以摆下一张桌子，店铺租金还节省不少；
- 由于餐厅装修不像高级餐厅那么高端大气，对服务人员的要求也没那么高，因此花在装修及人员上的成本省了许多；

- 顾客多就意味着高级食材的需求量大，一次性购买大量高级食材也能得到更多优惠；
- 餐厅主厨都身怀绝技，都有自己的拿手菜，各个经验丰富，能够独当一面，能为这些高级食材选择最佳的烹饪方式，形成了良好的烹饪循环、客源循环。

这是一个跨职能合作的例子，也是一个新品类活动成功的代表性案例。它的成功基于一点：以“与众不同的新品类定位”为出发点，并以此展开周详的资源配置，充分合理地调动了厨师资源（研发）、食材资源（供应）、桌位资源（销售）等。这样不仅有效提高了成功的可能性，还大幅度降低经营风险，变相增加了餐厅的利润。

案例2：

这个经典案例是我多年前遇到的，给了我较多的启发，让我多次感觉到战略取舍的精髓。

日本的酒店平均入住率约为60%，但日本的Super Hotel的平均入住率高达90%；酒店行业的客人复住率约为45%，而Super Hotel的平均复住率高达70%。

Super Hotel为客人提供有利于睡眠的住宿环境，免费提供有机食材早餐、天然的温泉、一份冰品，客人还可以免费停车，免费使用WiFi、电脑、打印机等。女性客人还可以获得一份小礼品，如面膜、沐浴露、洗发水、沐浴球等。这些都是Super Hotel的差异化所在，而且住宿费用非常实惠，每晚只要4980日元（根据2022年2月汇率，约等于人民币275元）。

Super Hotel以安全、清洁、舒适睡眠为卖点，在亚洲开办了很多家连锁商务酒店，这一酒店品牌就是通过新品类活动获得成功的一个项目，据我了解，Super Hotel当时进行新品类活动的过程中使用了“战略取舍”这一原则，果断放弃某些环节而让其变得与众不同：

- 在Super Hotel酒店，入住手续都是自助办理，客人办好手续就可以拿到房间号及密码；

· 因为没有客房钥匙，进出酒店无须到前台交取钥匙，也就意味着不需要工作人员提供服务；

· 其他酒店办理退房手续时结算住宿费，Super Hotel 的客人办理入住手续时就已经全额支付房款，退房时直接离开即可，免去前台办理退房的环节；

· Super Hotel 酒店没有安装电话机和计费装置等，进而不用核算电话费；

· Super Hotel 酒店虽然提供冰箱，但冰箱内没有任何商品，不用核算客人的额外消费。

一般情况下，早晨及晚上是入住高峰，酒店前台是最繁忙的，而且办理入住及退房手续可以说是酒店行业的瓶颈，但 Super Hotel 省略了入住、退房等环节，不仅减少客人的等待时间，而且成功实现低成本运作。

Super Hotel 省去多余流程，提供更便捷、高品质服务的举措还有很多，所以他们获得了更多的成功是因为掌握了“取舍”的精髓。从这一点上看，有时候，新品类的成功在于减少一些不必要的服务，并转变为不同于竞争对手的差异，企业只需要利用好这个差异，就可以在市场竞争中迅速建立属于自己的品牌！

3 第节

资源是最重要的吗

有人会说：“这个项目需要投入大量资源才能启动，如果我拥有大量资源，肯定能轻易成功的”。是的，这两者之间确实有一定关系，拥有足够的资源确实能够在项目启动上占据先天优势，但如何把优势延长及长期保持优势地位，就不是仅具有先天优势所能获得的。

现实情况中，很多投入大量甚至巨量资源的商业巨头也失败了，从外界来看，明明保持多年的良好经营，为何突然间就倒下了？是什么原因导致的呢？

商业巨头的倒下难道是欠缺资源？或者说这些已经成功的企业欠缺资源？这只是单纯资源的问题吗？

答案是否定的。

我分析过的商业巨擘中，遭遇失败的主要原因有如下几项：

· 缺乏对外部市场的敏锐感知，同时又对竞争呈现出疲软的消极态度；
· 他们不是很清楚近期内同品类中发生了哪些具有意义性的事件，以及可能产生的影响；
· 不了解正在开展的一些具有威胁性的技术研发，这些技术研发一旦成功，将会打破市场格局，并为自身带来威胁；
· 不清楚顾客选择竞争对手的产品和自己产品的原因，错误地把成功归因为品牌影响力、团队规模、价值观，忽视了对竞争对手的研究；
· 在竞争加速的时代，管理者因为将大量时间用于日常事务的处理，跟不上管理的发展和技术的创新，试图继续用一些老套路来应对新变化，最终黔驴技穷；
· 错误地将今天的对手视为明天的对手，没有经过数据分析就给出答案，导致现实与理想相差甚远；
· 竞争格局不断发生变化，竞争对手也不断发生变化，正是因为这些变化无法确定对手，进而盲目攻击，胡乱防御。

但最束手无策的是，过度依赖资源投入的先天优势，忽视理论带来的破坏性打击，这些导致失败的因素往往在开始行动时，就已经呈现出来，经历的过程不过是消耗掉大量的珍贵资源罢了。让组织遭受损失的是那些自以为是的管理者，他们开口索要大量资源，而对竞争对手发起的进攻、商业竞争表现出一副无能为力的模样。

先天优势就如含着金匙出生的世家子弟，他们吃喝不愁，起点也比其他人高，但正因如此，这其中的大部分人并不了解资源的稀缺性，或许因为生而既有。

后天优势就如一个起点不高的人，因为没有资源，他们迫切想要通过知识改变命运，虽然开始会异常艰难，但凭借着坚韧的毅力，逐渐从无到有，而后获得成功。

真正能让成功延续下去的往往是那些通过自己努力而不断收获成果的管理者，因为他们饱经风霜、小心谨慎、极度敏锐，顺境的人生人人都会走，但是逆境才能使人获得真正的成长机会。

在这个世界上，从不缺乏拥有好点子的人，但是很少有人真正付诸实践，成功地将一个项目落地远远比拥有无数个好点子的人要实际得多，懂这些的人很少，做的人就更少了。多年的从业经验告诉我没有十全十美的新品类活动，很多人总想完善新品类后再进入市场中，这些人可能等待一辈子都不会实现目标。我认为，这是怠战的一种表现，挑战商业竞争的主要原因之一就是我们需要现在的机会，需要利用今天这个机会。等待只会把机会拱手让人。

4 第节

区分客户类型

取胜的原因还与销售的专业化程度有关，销售长期服务于同一类型的顾客，已经掌握了这一类型顾客的兴趣、爱好、特点及可能做出的反应，能够快速地、积极地回应顾客，而且面对同一类型顾客，销售不需要花费额外的时间去适应，能够有大量的时间琢磨如何服务好现有的顾客群体，自然能够与顾客交流良好，促使顾客对产品产生较强的依赖性。

顾客类型其实是多种的，不能简单地以“富有”“中等”“贫穷”对其进行划分，也不能简单地以年龄来划分，当然也不能简单地以职业、区域等划分，这些划分顾客的类型早已被市场先行者研究透彻，并分而占之，若我们继续采用这些划分类型，会异常艰难。

其实应该要找寻的是多数人还没有想过、用过的划分方式，不仅要有奇效，而且可以迅速从竞争对手中获得一部分基础市场，为进入市场做好竞争力方面的准备工作，这才是我们应该熟悉并且掌握的有效的方法，更能保障新品类活动。

对顾客进行有效划分，需要对顾客进行更深层次的探索，如：30岁以内的年轻群体中，其实也有一些高素质且具有高度形象意识的群体；20岁以内的年轻群体中不乏追求稳定生活的群体。如果简单地将这类群体单独剥离出来，没有太大的实质意义，企业很难对这类顾客做出判断。拥有优质顾客远比拥有劣质顾客要强许多，前者只需要做出一定的努力就可以得到较高的回报，后者哪怕使出浑身解数也未必能够得到满意的回报。从这一点上看，两者差距不可同日而语。我从教育背景、消费观念、消费能力等维度分类顾客，分为七种类型。

- 自我实现类型：积极、独立、有个性、有品位；文化程度在硕士研究生及以上。
- 客观履行类型：成熟、满足、信息灵通，有一定年龄且已婚，文化程度大学本科。
- 个人成功类型：以事业为重，尊重权威地位，具有高度形象意识，文化程度在高中及以上水平。
- 传统信仰类型：传统、资源较少，遵守道德，生活稳定，忠于家庭，缺乏主动创新，文化程度高中水平。
- 奋斗闯劲类型：资源较少，渴望地位和社会的认可，用金钱衡量成功，有潮流意识，较冲动，比较年轻，文化程度是初中和高中水平。
- 创造进取类型：比较保守、实际，重视家庭，用双手工作，文化程度是初中及高中水平。

· 困苦挣扎类型：贫穷、没资源，注重现有生活，谨慎、年龄大，文化程度初中以下。

不同顾客类型对市场上的新品类会做出不同的反应，但并不是每个顾客类型都会做出回应，这取决于新品类所蕴含的能量，也就是其与既有品类间的差异。差异让既有品类与新品类呈现出两级态势，差异越大，能量就越大，回应就越激烈越正向。反之，差异越小，回应就越微弱。每个新品类投入市场时，都是迫切地想要得到较多的舆论，这些舆论能让其获得更多的关注，在市场中引起较大的响应。但是否想过，你需要的是舆论中的反对还是支持，这不仅跟推出的新品类有关，而且一定程度上也取决于市场风向及顾客类型。

可能这么解释还不够全面，那么在此基础上做个补充，比较容易理解的说法是“挑选对了顾客类型，就能轻松获得相应的支持；挑选错了顾客类型，只能获得相应的反对”。获得支持能够让品类在市场上迅速进入高势能状态，获得反对只会让品类在市场中举步维艰。

顾客类型的选择是商业竞争中最重要的一步，也是影响新品类活动成败的关键，所以在这点上需要重视并审慎地评估。大多数较为保守的管理者却认为，新品类活动及商业竞争适用于所有顾客群体，只要有人买，他就卖，无须主动找寻高黏性的顾客，更不会对一些顾客类型进行区分。划分顾客类型的原因在于让管理者熟悉并掌握商业竞争的精髓，即高度专业化，把焦点放在高黏性的顾客类型上。

例如，一些汉服品类的管理者，最先应该争取的是“传统信仰类型”的顾客群体，这个群体的市场饱和后，重新建立另一个品牌，影响另外的顾客群体“客观履行类型”。当然，这时候也可能会吸引“奋斗闯劲类型”及“创造进取类型”的顾客群体，这部分顾客群体虽然有商品购买需求，却不需要管理者额外关注。反观某些同样经营汉服的管理者，因为想要覆盖所有的顾客类型产品变得模棱两可、不伦不类，失去了自己的品类差异，生产出来的只是一个看似能满足所有人的低价产品。

如果管理者对市场足够敏锐，就会发现已经有部分品类在对市场顾客类型进行区分，如医疗美容品类、房地产品类及汽车品类。虽然这些品类对顾客类型的描述不是很全面，但是区分出来的顾客类型可以轻易地让其识别出哪些是自己的目标群体，哪些又是非目标群体。

目标群体购买的商品数量及贡献的净利润远超过了非目标群体，而且服务非目标群体不仅增加工作量，而且维护是一件费心神的事情。几年前，我曾为一家房地产企业做目标市场分析，发现花在非目标群体上的维护费用竟然是目标群体维护费用的4倍，其贡献只是净收入的1.2%，对比投入的维护费用，这个净收入可以说是微不足道的。

不仅企业需要确定顾客类型，顾客面对不同品类。也要进行思考。顾客购买汽车时，有的要求车的起步速度快，有的以安全为首要条件，有的看中乘坐的舒适度，或者以车辆的性能为最高标准，每个品牌可能对应着不同的顾客类型，有人说“奔驰的顾客类型应该是‘成功人士’，宝马的顾客类型应该是‘年轻一代’，奥迪的顾客类型应该是‘政府官员’，沃尔沃的顾客类型应该是‘重视安全的人’”。

例如，奔驰的独到之处，在于它开创了汽车这个品类，参与了这个品类的建设及发展。一百多年过去了，奔驰在汽车品类中依旧占据着不可替代的优势地位。奔驰也有“缺点”，但正是这些缺点造就了它“独一无二的优势”，这个优势在全世界汽车品类中拥有举世瞩目的地位，这些缺点并没有影响奔驰在BBA中的排名，因为奔驰占据了一个最佳的顾客类型，那就是“成功人士”。

奔驰知道，取舍是有好处的，而且秉持着“只取所需，留下盈余”的原则，让自己大获全胜的同时也让其他品牌成功。如果不懂得取舍，那就有可能成为一个“看似面面俱到，实则没有自己特点”的模仿品牌。

凯迪拉克和捷豹，很多人已经不知道为什么要购买这两个品牌了，或许因其试图涵盖所有顾客类型，结果其产品的差异化不够突出。我曾经协助过项目方对这两个品牌及相应的顾客类型进行分析，发现其中一个品牌每三年顾客类型的占比都会发生较大变动，但又找不出变动的原因。有趣的是，产品不仅没有发生太多的改变，而且多款车型还处于常年打折中，这不免让人摸不着头脑。后来我与一个二手车品牌的管理者聊天，询问这两个汽车品牌及相应的顾客群体，他告诉我“这两个品牌并不像BBA一样，对自己的顾客类型有着清晰的定位，购买他们产品的顾客是各种类型都有”。此时，我意识到问题应该就是在这里了：这两个品牌的顾客群体可能“从白领到成功”“从年轻一代到老一代”“从国企工作人员到政府官员”，几乎涵盖了所有顾客类型，而这些顾客类型可能早已选择了BBA，留给这两个品牌的市场空间还有多少无从可知。

试图满足所有人的需求，是商业竞争中主动招致失败的原因之一，这导致管理者不断犯错，还让品牌在市场中一事无成。

所以，找出顾客类型与制订针对新品类活动的计划一直都是密不可分的。

第5节

技术对于商业竞争的影响

众所周知，管理者在新品类研发结束后，考虑得最多的就是新产品投入市场后，会得到多少回报。每个新品类开始研发前，财务人员会对该项活动进行统计，估算出投入及回报比，如果财务人员的核算结果是正比，这个项目大概率是会被放行的，而且方案也能顺利进入高层的办公室，等待批阅。虽然财务人员统计的数据（与几年后的市场状态相关）并不完全准确，但高层还是会拿着这个回报比作为新品类活动投入的主要参考标准，决定企业对新品类活动的最终投入。

当然，最终投入对新品类技术和发展的影响较深，预算的多少、充足与否都直接决定了技术研发周期、研发团队的规模、试错成本、研究方向等。我们都知道，100万元的研究投入对应的收入与150万元的研究投入的收获或许相差不多，但与300万元的研究投入所取得的成果相比可能是天差地别的，尤其一些本身研究难度较低品类更是如此。

- 牙签的研究成本往往只需要十多万元，大部分支出用于购买或者租用设备（依赖成本），原材料成本相对较低（非依赖成本）。
- 纸杯的研究成本往往需要数十万元，大部分支出用于人员招募（依赖成本），花在设备上的费用很低（非依赖成本）。
- 金属风扇叶片的研究成本往往需要一百多万元，大部分支出用于模型设计和开模（依赖成本），时间成本较低（非依赖成本）。

从上述几个不同产品的研发上可以发现一个有趣的现象，那就是研发方向决定了新品类相对依赖的资源，并不是所有研发都处于综合依赖水平。从表3和表4中，大家能清晰地看出上述研发产品的综合依赖水平的差异。

表3　依赖成本分析

项目	研发产品	数值				
		5	4	3	2	1
租用设备	牙签		4			
人员招募	纸杯	5				
设模、开模	金属风扇叶片		4			

表4　非依赖成本分析

项目	研发产品	数值				
		5	4	3	2	1
原材料	牙签					1
设备	纸杯				2	
时间	金属风扇叶片			3		

依赖成本看似很高的产品，其实也没有达到峰值，而看似处于综合依赖水平的产品，实际分析来看其非依赖成本却处于更低的状态。

其实，这是一种感性认知，通常会觉得某项产品可能会特别依赖某项成本，但分析得出的数值普遍低于认知水平。综合水平很难低下去的环节，分析得出的数值却低于现实水平。

这个数据分析有助于打破新品类研发成本“居高不下”或者成本“不可能低”的假象。管理者在新品类研发阶段，在参考近似品类成本的同时，可以做一个“依赖成本”及“非依赖成本”的数据分析，当然，消耗资源及研发产品可以根据实际情况进行变动，数值可以适当放大，以提高其精准性。

新技术的出现是对既有技术权威的挑战，不仅使现有产品面临比较大的威胁，而且会在市场上引起不小的质疑。新技术出现的比较常见的局面是，大部分企业对新技术的到来毫无准备，面对新技术的进攻没有抵抗力，没有相关的技术经验支撑它们对这些问题进行妥善处理，所以导致大部分想要加入进来的参与者对新技术的使用存在质疑。

另外，由于颠覆性技术的投入成本占比较高，开始时，管理者会以过高的成本推出新产品，但是利润是比较低的。正因如此，大概率一些无法接受高昂成本及较高售价的供应商、投资方、顾客等被拒之门外。依赖品类生存的大部分企业其实都处于观望阶段，它们对这种看上去似乎威力极强的商战武器是否杀伤力也大表现出比较浓厚的兴趣。或许因为新技术的突然降临，很多人暂时没有反应，不知道如何运用新技术，还有一部分人是在观察其他人的举动，而未立即做出有效反应。此时的新技术需求较少，相对缓和，但随着时间的推移及参与者的增加，对新技术的需求会被不断地激发出来，直至新技术快速进入小增长期或对应阶段的发展势能中。

研发阶段，开创者就在新品类活动上投入了大量研发费用，而新产品投入市场初期，新技术掌握者很少，往往只有自己及一些零散的跟随者，而且这些跟随者并不是依靠技术获得参与资格的，一定程度上只是拥有参与者的身份，所以，开创者通过新技术获取到的市场份额及净利润普遍高于参与者。

新技术的扩散，实际上是管理者带领新品类活动不断发展的一种体现，也是保证竞争中选择最佳技术的必经过程，但是对那些无法盈利并处于亏损状态的企业而言，却是另一番痛苦局面，那就是它们要面临新技术的威胁，甚至可能被市场淘汰。品类之间的竞争越激烈，研发技术的需求就越大，新技术的扩散速度也就越快，辐射范围也就越广，影响到的利益体也就越多。

其实，很多管理者对于研发费用在新品类活动中的占比不是很清楚，潜意识里会有过高或过低的预估，进行新品类活动时才发现预估与实际相差甚远。管理者若无法对研发费用占比有个大概的了解，进行新品类活动时，面临的风险可能较大，同时在资源分配方面可能存在较大的不合理性。

有些管理者认为研发费用占比过高会导致利润空间被压缩，占比过低会导致所研发的新技术并不具备革命性，所以管理者必须对这些数据有基本的了解，然后着手新品类活动较为合理，如：

· 在发达国家，用于研发的费用占比新品类总投入的40%～45%；成功率为72%；

· 在发展发展中国家，用于研发的费用占比新品类总投入的27%～30%；成功率为55%；

· 在不发达国家，用于研发的费用占比新品类总投入的16%～22%；成功率为37%。

这个数据是比较有参考价值的，虽然并不能准确说明新品类的成败与研发费用的占比有直接关系，但是要讨论的不就是影响新品类活动成功的可能因素吗？其实，研发上的投入是个无底洞，没有谁敢说具体投入多少合适、投入多少能够成功。用比较幽默的话来说，这个参考数值相较于那些不合适的参考数值而言，会显得“稍微合适些”，但仍然没有达到最优级，成功率不论是37%还是72%，新品类项目失败的概率还是非常大的。

需要注意的是，上述数据仅是针对技术研发的分析，并不包括品类竞争、市场定位、品类特性等，如果都包括了，成功率可能会更高。但必须要提的是，决定新品类活动成败的其实是总体工作，并不是单项工作的数据分析。

研发占比越高，开发新技术的能力可能就越强，新技术的竞争力可能就越大，在商业竞争中发挥的作用可能就越大。这就犹如你周围的人都在吃清粥小菜，而你在吃红烧肉，你觉得对于周边的影响有多大，吃清粥小菜的人必然是不断地吞咽口水想要尝尝红烧肉的滋味了。

创造性和新技术只是发挥了非常基础的作用，真正让这些基础作用发挥出经济价值的是市场竞争。市场竞争有大有小，大规模的市场竞争往往伴随着跨国界的经济争夺，从这一点上看，已经不是简单的新品类与既有品类之间的事情了，而是各个国家竞争力的直接体现。

新品类活动所涵盖的创造性改变了新产品与竞争布局，并对经济产生重要影响。所以，根植于市场竞争，搏斗于市场竞争，新品类的创造力也要适应市场竞争。而想要将新技术转化为创造力，并投放至市场中，意味着管理者必须有一个高效且强有力的保障机制，并让这个保障机制时刻发挥作用，无论企业采取什么行动，这个保障机制总能第一时间做出响应。

新品类所引起的新技术及创造力带动的变革，可能决定了一国经济的发展，这也是各国需要重视、认真对待的事情。

第6节

如何在商业竞争中占据优势地位

世界上每时每刻都在发生商业竞争，每场商业竞争都与资源的争夺、竞争优势的建立、防御壁垒的加强有关。既然赢家能获得无上殊荣，那么企业就需要为成为赢家构建一个良好的基点，也就是建立一个好的开始。或许一个好的开始并不能让企业获得足够的优势，但这是迈向成功的第一步，开始时优势可能是微不足道的，但随着时间的推移，每个短期内的优势积累到一定程度，就能显示出赢家与输家的差距。许多资源受到严重限制的企业，就是通过一步步的优势，与同赛道中的竞争对手拉开了距离，最终站在一个较具有优势的位置。不懂得积累优势而想着一步登天的企业，则可能陷入一步落后、逐步落后、到步步落后的处境。其中，实现逐步领先的例子有很多，如字节跳动，它就是通过逐步实现优势的方法，先将今日头条做到资讯类第一，然后进入短视频行业，让抖音做到了视频及短视频第一。

这些公司之所以成功，是因为以下几个因素：新品类具有巨大的差异化；新品牌而非延伸品牌；有一个易于传播的名字，品牌的名字体现出了品类优势；清晰明确的品类定位。

正是这些逐步构建起来的优势，让新品类进入市场后顺风顺水。虽然风口很难找寻，但是我们可以创造一个风口，并让自己飞起来，这才是占据主动权的最好方式，也是新品类取代既有品类的核心因素。

同时，利用时间的限制性因素，往往可以比别人更快地实现新产品的商业目的，因为更早的投入意味着更快地进入顾客视野，能更顺利地收获大量市场份额，获得一定的领先地位。能越早识别出对我方有害但对对方危害程度更高的限制性因素，就能提早获得市场份额及净利润，因为提前获得会比延期获得更具实质意义，还可以为自身逐渐积累阶段优势。为此，我做出一个数据分析，分析提前获得和延期获得在时间上的阶段性影响和总阶段影响，最终得出的结论让我目瞪口呆，预计2020年完成的项目中，有部分项目提前完成了，有部分项目延期了，我抽取团队中10个符合要求的项目，并做分析，得出了关于提前获得和延期获得的如下数据（见表5和表6）。

表5　提前获得的数据分析

品类	预计时间	提前时间	提前获得	市场份额（分）	净利润增加（元）	阶段性收入增加（元）	总收入增加（元）
化妆品	5月	12天	7%	30000	4000	45000	60000
保温杯	5月	18天	5.6%	20000	6000	28000	46000
快递拖车	5月	9天	12%	70000	20000	90000	120000
薯片	7月	24天	8%	90000	60000	210000	330000
鼠标	8月	27天	2%	110000	40000	150000	220000

表6　延期获得的数据分析

品类	预计时间	延期时间	延期获得	市场份额（份）	净利润亏损（元）	阶段性收入（元）	总收入（元）
消毒用品	3月	13天	–9%	–120000	80000	–190000	–260000
书架	4月	14天	–7.7%	–40000	16000	–49000	–67000
名片	5月	16天	–14.6%	–65000	40000	–100000	–143000
微型假山	10月	19天	–6%	–220000	70000	–340000	–410000
环保漆	10月	22天	–15%	–340000	190000	–570000	–780000

基于表5和表6，我们能看到，虽然提前时间或者延期时间的天数不多，与预计时间存在较小的出入，但是对后期的发展影响很大，对市场份额、净利润、阶段性收入、总收入的影响程度从大到小的排序是“总收入>阶段性收入>市场份额>净利润”。提前获得与延期获得的百分比数值指的是“在项目实际完成之后得出的平均数据，如新产品实际完成后，月销量为30万元，提前一天，就增加一万元，延期一天，就减少一万元”。由此可见，这些优势的逐步取得，为在商业竞争中占据优势奠定了基础。

在提前获得方面：新产品在上市时间上的提前让代理商加大了采购量、直销上的出货率，顺利避开了与竞争对手同时上市的局面，并在这段空白时间内产生了较大的销售优势，市场份额的提前获得，可观的净利润让投资方更有信心地快速跟进，进而影响了这段时间内新产品在市场上的实际作用。

延期获得带来的影响就不同了，“呈现负数的市场份额”，表明的是应该得到的市场份额因为延期而失去，同时其对总收入的影响是巨大的，延期获得会对供应商、投资方、项目成员的净利润产生较大的冲击，此时就不仅是“单项数据”这么简单的事情了，这反映的是一项综合数据。延期获得不仅使企业这段时间没有新产品销售而丧失主动机会，还要面临每日的亏损。

第6章/CHAPTER SIX

新品类活动于企业的重要性

1 第节

新品类活动的重要性

新品类活动的重要性不言而喻，提前获得对产品来说是加分项，延期获得对产品来说是减分项，所以，提前获得还是延期获得对新产品的影响较大。我曾在2015年至2020年对新产品进行调查，发现四年前的产品会迅速地被两年前的产品替代，而两年前的产品已经被现在的新产品替代。

由此可见，新产品的出现速度是非常快的，但是市场留给新产品的时间也不多——几乎不满一年的时间，很快其在企业中的明星地位就要被更新的产品接替。这也告诉我们，今年热销的新产品，明年很有可能就不热销了，而明年热销的新产品到底是哪个，需要对该个品类进行全面系统的分析，才有可能发现明日新贵的蛛丝马迹。

这些新产品是大部分企业管理者至少六年至四年前没有接触、了解或销售过的品类。在一些发达国家，企业用于准备新产品的时间可能是两年到四年；在不发达国家，企业用于准备新产品的时间可能是六年到八年。

虽然准备时间充裕会让一些发达国家的管理者颇有些羡慕，但这预示了准备时间长的企业所在地区相对落后。因为，新产品准备时间越长，替代性就越低，新技术的更新频率就越慢，对顾客的影响就越低。

我结合上述数据做过一项调查，主要分析对象为2015年至2020年销售额为2000万元到3000万元的30家国内企业。

卓越企业：52%的销售额来自新品类；68%的净利润来自新品类；3个新品类中就有1个成功。新产品的完成时间少于行业平均完成时间的7%。

普通企业：18%的销售额来自新品类；16%的净利润来自新品类；7个新品类中只有1个成功。新产品的完成时间高于行业平均完成时间的12%。

各位管理者，你们从上面的数据中看到了什么？这些数据能够说明什么问题呢？

我不仅看到了卓越企业与普通企业之间的差距，还看到许多管理者在经营企业时对商业竞争的理解，正是这些理解影响了管理者日后所做的每一个决定。道理跟逐步优势是一样的，管理者需要静下心来发现哪些是竞争对手放弃的优势，哪些是自身能逐步增强的优势，以此与竞争对手拉开足够差距，这才是影响商业竞争的关键因素，而且也是对手无法轻易改善的。

卓越企业为自己铺设了一条顺畅的道路，而且在未来很长的一段时间内，这条道路适用于大多数新产品，在如下方面有利于日后研发的新品类：新品类差异化、新品类定位、利于传播的品牌名、品牌名定位、高黏性的信任、合理的资源分配机制、口口相传的广告语等。这是普通企业没有考虑到的，通常普通企业考虑的问题多是：今年要赚多少钱、如何快速圈钱、经济萧条如何进行成本控制等。我们能清晰地看到，这两种企业，不仅对待新产品的方式不同，在认知上也是有差别的。

一般来说，依靠新品类参与商业竞争，只是一种必要手段，不同的管理者有着自己的经营信念，所使用的手段不尽相同。通常而言，将新品类作为必要手段的管理者是站在了市场的风口浪尖上，站在这里，能学习到市场最前沿的理论，了解到最新的技术，能洞察投资人需要的项目，这种类型的管理者是值得称赞的。当然，实行这种必要手段的目的当然是“赚取大量的利润”，这才是根本，他们都在为超预期的利润冲刺着，只有这些才能刺激管理者的神经。

因为他们明白，开创新品类可以创造出巨大的经济成果，最明显的成果就是在很长一段时间内占据品类中的领导位置，而这个领导地位能为日后发展提供无数的新机会。所以，对企业和管理者而言，新品类活动是重要的。

第2节

没有参与新品类活动的竞争者

有的管理者选择其他方式参与商业竞争，这些方式可能并不是商业竞争中的最优方式，所以导致他们成为跟随者、模仿者，或者进入延伸品牌、同质化发展的行列中，赚取着微不足道的利润。

例如，斯隆在1921年经济大萧条时期接管通用汽车，当时该公司的处境非常糟糕，大部分人异常沮丧，不知道为什么会这样，也不知道应该怎么做。

与之相反的是福特公司，福特公司虽然处境不好，但积极乐观地开发新产品，仅凭借一种车型，就占据了美国汽车市场份额的60%。这触动了斯隆，让他看到了通用汽车崛起的希望。通过分析，斯隆发现了问题：通用汽车靠着八种车型却只占据了12%的市场份额（那时一个汽车公司拥有八种车型，是让竞争对手羡慕的事情），虽然市场份额的占有率排名第二位，但与第一位相差甚远，这让斯隆感觉到问题非常棘手。深入了解后，他还发现，八种车型中赚钱车型只有两种，其他车型全部亏损——而且亏损车型都与当时的战略经营无关，都是公司高层一时兴起的提议。这些一时兴起、无人敢于质疑的提议让通用汽车损失了大量的市场份额和净利润，还导致通用汽车失去了在汽车市场中的地位。

斯隆首先仔细思考“美国市场上理想的汽车公司应该是什么样子的”，他针对美国文化提出了一项计划——只用五种车型控制市场，但八种车型中只有别克和凯迪拉克符合要求，其他三种车型是全新的车型，但继续沿用原有名称。

斯隆在这个时期采用的是整体市场营销法，这个方法十几年后才被广泛传播，三十年后才有了名称。斯隆的计划改变了汽车的市场营销概念和与顾客打交道的方式。

在五种车型中，每种车型的性价比都是不同的，但是要符合两个标准：在价格较便宜的车型中，它虽然是最贵的但是性能是最好的；在价格高一个档次的车型中，它是价格最便宜的和操作最简单的汽车。

如果多付一点点钱，低收入的顾客就会买到一辆外观和性能上都远胜于福特T型车的汽车；如果少付一点钱，买得起中档车的顾客也可以买到外观与性能上与中档车不相上下的低档车；或者多付一点钱还能买到准豪华车。

通用汽车的每种车型在市场上都是与众不同的，其目标是在同档次车型中成为领军人物。同时，每种车型还在两条战线上与通用汽车的其他车型展开竞争。斯隆认为没有挑战的成功是危险的，因此他给五种车型中的每个车型至少配备了一个强大的挑战者，这是品牌不断自我创新的最佳诠释。

这项计划不仅使通用汽车五年内成为美国最主要的汽车制造企业，而且使其成为多年来最赚钱的汽车制造企业之一。

第二次世界大战后，福特深思熟虑后采用了斯隆的计划，并从通用汽车挖来管理人员，他们都曾被斯隆的概念和战略熏陶过。

20世纪20年代初期，斯隆的计划是非常激进的，背离了当时的所有“已知的事实”，通用汽车的员工用了几年时间才接受他的计划。斯隆没有把潜在顾客划分为希望以最低价格购买汽车的大众群体，和期待购买限量的但价格高的少数群体。他认为顾客在本质上都是同质的，既要求车是大批量生产的，又有二手车的低价和便于转手等特点，还希望每年换的新车具有舒适感和时尚感。

斯隆从未考虑过生产价格最便宜、标准化和一成不变的汽车。相反，他靠福特（或其他人）不可能生产的东西让其他车成为过时的产品：开了一年的车就是二手车，它在一年前还是新车。作为交通工具，通用汽车凭借高档车的外观、时尚感、性能和低于T型车的价格，获取市场份额不费吹灰之力。

当时，二手车市场不受汽车制造企业欢迎。斯隆却认为它是消费者数量真正庞大的市场。在车的设计、销售和维修上，制造企业不仅要考虑新车能轻松地卖出去，还要考虑二手车也能轻松地卖出去。

在中档车市场，斯隆发现价格上的差别没有那么重要。但作为可以体现出尊贵地位的符号，汽车价格发挥了最大的作用。这意味着要有目的地让顾客认同某特定产品，而且这种产品要具有与众不同的式样，具有一定的连续性。例如，别克汽车的式样、价格、销售方式和推销模式使其成为成功专业人士的标志。

对于高档汽车，斯隆的考虑是“怎么样既能保持着车的高昂价格，又能大批量生产”。这是一种独特的、非正统的想法。

人们曾经认为：豪华车必须是手工生产的，产量少，价格高。这在当时是主流想法的。斯隆上任前，通用汽车也是按照这种思路生产凯迪拉克的，而且取得了相当大的成功。

然而斯隆却用大批量生产、在生产线上装配的凯迪拉克车取代了利润不菲、手工制作的凯迪拉克车。前者虽然在成本上低于手工制作的同档车，但在性能上几乎超过了劳斯莱斯。基于此，凯迪拉克在几年内成为高档车的代名词。

需要强调的是，斯隆的计划既不是天才的灵光闪现，也不是通过多年辛勤耕耘、借助数学模型和复杂计算取得的结果。斯隆掌管通用汽车前，曾对汽车市场研究过，当时他关注的是附属业务，而不是汽车业务。他在研究过程中没有投入大量人力，与他配合研究的是公司管理人员组成的委员会，而且这项工作只用时一个月。斯隆的主要工作是观察市场以及咨询通用汽车的管理人员和汽车经销商。

虽然调研时间短，调研方式简单，调研结果也未经整理，但这种结果足以成为重大决策和行动的基础。管理者可以采用一般的方法完成这项工作（当然他们应该利用更复杂的方法，只要这些方法能加快工作的进度）。

斯隆计划的实施历经了许多年，不仅让汽车市场变得更加繁荣，也使竞争趋于良性化。

我们通过这个例子能发现，所有的商业竞争都是为了发现存在于市场中的机会，如果没有机会，我们就创造出一个机会，不要关注对工作的修修补补，修修补补只能解决以往的问题，却无法创造出新机会，更不可能获得成功。

第3节 新品类活动的投入

管理者应该知道开创新品类活动的费用有高有低，每家企业应该根据自己所能承担的费用做出选择，如小企业能承担的研发费用通常较低，大企业可以承受的费用较多，这种投入对品类的冲击大，影响范围广。收集到的数据显示：波音公司花费了100多亿美元开发音速巡航客机；宝洁公司旗下的品牌吉列花费了10多亿美元开发Mach3剃须刀；摩托罗拉耗资60亿美元向外太空发射了66颗人造卫星。

无论是100多亿美元，还是10亿美元，其实都不是一般企业承受得起的。其实从投入的金额中可以看出，企业愿景的宏大，彰显了企业对市场和该品类的重视。这些企业在实际投入资金前可能已经花费数年筹备新品类了，实际投入资金后，自然要求后面会有更大的回报，所以这些跨国企业对投资的态度是审慎的，投资金额不是随意确定的，要经过严格评审的。

足够细心的管理者能够看到，这些动辄投入十几亿美元、几十亿美元甚至上百亿美元的品牌，在它们的品类中，无疑是领导品牌。正是这个领导位置帮助企业收获了大部分市场份额和净利润，才能支撑它们如此大手笔的投资，对于每天都在进行新产品升级的企业而言，这或许只是冰山一角。因为处于领导地位，品牌才让企业变得更好，但这种持续多年处于领导地位的现象却不是只占据几年领导地位的企业能做到的，以这三家企业及对应的品类为例，就是想要说明一点，它们拥有一项特质“自我攻击”。这三家企业及对应的品类非常擅长研发、跟进、封杀。正是依靠这三步的不断循环，它们在市场上才能成为霸主般的存在，无法被撼动。

同时，它们遵循分配资源准则，把有限的资源分配给最能产生效应的品类，为何这里说的是品类而不是品牌，原因在于它们的品牌开创了并占据了这些品类，并通过品牌在这个品类中占据了超过45%以上的市场份额，它们当然知道做大品类的同时也会做大自己的品牌。为何投入这么多的资源，就是因为这些企业知道并擅长使用大量资源为自己构建足够的竞争优势和坚固的防御壁垒。

新品类活动对应的研发投入若能遵循正确步骤，不仅能够让企业迅速收回所有投入，还能获得投资方、社会群体的巨大肯定。当然，成功的品类往往还被要求补偿其他失败项目的投入费用，所以成功的品类一直承担着巨大的压力和责任，这也促使新品类必须朝着成功的方向发展。但事实并不总是按照主观意愿发展的，一些项目尚未进入商业化阶段就被叫停。某些项目失败是因为投入的资源非常大、参与人员非常多、开发上还要跨领域、管理者对时间估算错误、计划不足、机制不够清晰等。这就要求管理者必须尽早停止那些无法获得成功的新品类研发，及时止损，避免更大的损失和稀缺资源的浪费。

第4节

避免损失

新品类成功的因素应该立足于现实情况，并切合实际贴近市场，若企业管理者只是依靠瞎猜、运气而盲目投入，并且在已验证“失败”的情况下执迷不悟，那么不仅会连累自己，还会连累企业承担恶果。管理者在新品类活动上应该理性分析和慎重投入资源，运用理论、科学方法去获取效益和成果，避免徒劳的挣扎，恰当履行自己的责任，才能为企业积蓄更多的财富。现实中很多管理者我行我素，自以为是，想凭借敏锐的直觉、老道的经验对某些项目横加干涉，或者按照个人喜好做出开展项目的决定，而不是以客观的数据评估项目的可行性。在这一点上，希望管理者能够及时转变，毕竟个人利益与组织利益息息相关，组织利益是第一位的。

某些管理者在新品类研发工作快要结束前，才临时提出一些建议。例如“产品研发好了，应该做数据分析，如市场竞争分析、竞争对手分析、顾客类型分析等”，这些临时性的提议往往决定了临时性活动是由一些业余人员开展的，时间与预算上的限制比较多，很难做到全面、系统和相对准确，但是可能为接下来的产品上市带来不确定性，时间不够用、资金不够用、来不及调整等也是产品延期上市的主要原因，这也是某些新品类折戟的原因。若新品类处于研发阶段，企业管理者还有机会弥补。实际上，非常多的新品类项目没有机会“暂停一下”或“继续前行”，只能是终止，这意味着大量的资金被浪费，所有成员的努力付之东流。

所以，建议新品类活动开始时，先物色一名专业人才（是技术型或商业竞争型人才），由他招募成员，对即将开展的项目开展市场数据分析、竞争对手分析、机会分析等工作，确定产品的定位和品类差异化，进而研究市场，确定目标市场和符合自身的顾客类型，为新品类的研发做好准备工作。

这个案例是我经历过的，产品在研发阶段及时避免了损失，最后获取了成功。

那是2021年6月的一个夜晚，一个项目负责人火急火燎地找到项目团队，告知团队他现在有比较棘手的事情，要求团队立刻介入项目。团队成员意识到这个问题的紧急性，立即联系了我，我与其进行了电话沟通。该项目负责人介绍，他们的企业在北方的一个二线城市，主要经营一些电器类的产品，近两年研发了一款新产品，但是在研发准备阶段忽视了一些重要问题，导致新产品出现了瓶颈。

数据调研结果显示，该新产品在温度达到12℃时，可能停止运转，如果只是机器暂停运转，倒也还好，但同时可能发生的还有冒烟和自燃，而且出现概率达到了2%。听完他的讲述，我问他："这款产品投入市场了吗？"他告诉我，部分管理者担心承担责任，在新产品研发宣告结束时，就火速地将新产品投入市场中，拿到项目奖励后就提交了辞呈。这时候，我意识到这里面的问题不仅是新产品研发的问题，所以没有立即发表自己的想法。我在网上简单搜索了该新产品，结果显示存在许多同类型商品，但这些商品出现停止运转的概率没有达到2%，最多是0.5%～0.7%，而且没有人反馈有冒烟和自燃的问题，我不由得想到这个项目出现这些问题，或许是个例。大致了解情况后，我与项目负责人交流了一番，询问了如下问题：

- 这款产品并不具备新品类的特质，不能将其定义为新产品，这个事情您知道吧？
- 为何停止运转的出现率这么高？其他同类型产品并没有冒烟和自燃，为何这个新产品就出现了呢？产品投入市场前您清楚这个情况吗？
- 竞争对手是怎么做到将停止运转的出现率控制在0.7%以内的？我们为何做不到？技术难点在哪里？

听完这几个问题，对方表现得较平静，他告诉我，当时的项目负责人不是他，他是第五个项目负责人，他不清楚当时怎么计划的，之前怎么衔接的也不清楚，但在工作过程中没有发现这些问题，这也是他困惑的，或许他的上一任也不知道这些问题存在，又或者故意隐瞒，但现在说这些没有什么实质意义。他临危受命来处理这个烂摊子，虽然该产品在某些方面明显不如市场上的那些畅销产品，但在已经投入700多万元研发资金的情况下，这个项目是不可能停止的，他也有跟股东说过停止项目，但股东的意见相当决绝："停止项目意味着我们的投入打了水漂，这是不可能的""现在再来说这些有什么用吗？我们需要的是让这个产品获得成功""问题出现率较高，那就把售后做好，遇到问题解决问题就行了"。

这时候我明显感觉到，这些股东或许并不清楚这些新产品存在的问题，因为一开始就频繁地更换负责人，导致研发阶段的某些情况没有衔接，这对新品类活动来说并不是一个好的开始，很可能就是失败的关键所在。同时股东并没有对资源投入进行适当的监督，对这些问题的出现毫不知情。股东虽然要求新产品能够盈利，但也不想因为新产品存在风险而给自己带来麻烦。

但对于我提出的问题，很明显，项目负责人根本不知道怎么回答，他只是迫切想要我到达现场。我告诉他，立即到达现场是没问题的，但最佳方式是及时向企业的高层反馈新产品使用安全问题，并让股东知道这些事情，应该由企业管理层和股东决定新产品是延期面世还是继续研发。如果仅听从我贸然给出的、未经验证的解决方法，是比较草率的。听我这样说，项目负责人平静下来，采纳了我的建议。

事实证明，双方都做出了正确的决定：这个项目最终被保留下来，企业决定继续研发产品，虽然产品延期上市，但停止运转的出现率从2%降到了0.2%，自燃问题迎刃而解，而且总研发投入的1200万元得到了4000万元的回报。

5 第节

必要的退让

在新产品上市过程中，企业可能会面临一些突发情况，有些情况很好处理，有些情况比较棘手，严重的可能终止新产品的上市。在处理突发情况的过程中，企业管理者要冷静分析，结合实际情况做出最佳对策，一时的退让也会化解危机。这个案例是我几年前接触到的，之所以提到这个例子，是因为我认为这在新品类活动的相关环节上能起到深刻的警示作用，如果企业管理者后期遇到类似问题，可以借鉴这个案例，做出正确判断。

几年前，东莞有一家生产相机的企业，原先的业务是以代加工为主，服务的对象主要是国际上的一些知名的相机品牌，此前，虽然订单比较稳定，但受到疫情的影响和行业利润的大幅度缩减，企业感受到了生存压力。企业意识到若是这么下去，会存在很多不确定的影响，这些影响会进一步压缩企业的选择空间，甚至对净利润产生较大的冲击。所以，企业高层深思熟虑后，立即调整了主要业务，放弃了大部分的代加工业务，转而走向品牌化经营，也就是自主研发。

深入了解相机品类技术后，他们着手新型相机的研发准备工作，过程是比较顺利的，唯一出现的波折就是研发延期半年之久。前期所做的市场竞争分析和竞争对手分析未及时更新，还是以半年前的数据作为参考，这是研发工作与实际情况不符的不利因素。

面对我的问题“你们在市场上是发布一款产品还是多款产品”，对方未正面回复，或许是出于研发环节保密的需要，或许是企业对这个问题还未有定论，但是这为企业带来了困扰。

产品研发完成后，我目瞪口呆，对方面向市场同时推出多个产品，新型相机的大部分产品都运送至经销商的仓库中。这家企业走的是经销体系，给经销商的利润远高于平均值，但是产品售价比市场价格低20%。我当即提出疑问："这么做能确保企业的利润高于行业的平均值吗？"他们说出了自己的考虑，开始留给企业的利润是比较低，这是为了加大市场销售量的占有率，通过低价先把新品牌的名气做上去，以后在考虑利润。我就提出："如果开始就降价，那么后期其他人怎么会以原价来购买你们的产品呢？"要做的应该是宣传这款新产品的差异化，这个差异化是其他产品没有的，凭借差异化吸引相应的目标顾客，这才是商业竞争中符合多方价值的有效行为。对方表示，现下的定价和售价都是高层决定的，他会把这些信息传递上去。

货物已经到了经销商的仓库，且前期定价也确定了，这几乎是不可能更改的。接下来这家企业的经销商开始了日常销售，几个月后，大部分顾客都接受了新型相机中的一款红色机型，可是其他颜色的机型却并不受欢迎，这让经销商和企业很是纳闷，因为按照他们的设想，黑色机型应该是畅销机型的。

这家企业生产了大量的黑色机型，经销商也大量铺货黑色机型，虽然红色机型很畅销，但是黑色机型的大量滞销可能使企业和经销商花费较大的精力和较多的时间善后，不免分散他们在销售工作中的注意力。新产品一上市，企业就面临这个难题，确实不妙，因为这会让他们前期所做的工作白白浪费掉。

市场的直接反应让企业和经销商失落，但他们还是不甘心地把关注点放在了滞销的相机上，忽视了红色机型的巨大机会。如果此时企业能够迅速地将注意力放在红色机型上，该机型是有巨大优势打开市场的。不幸的是，企业和经销商无视顾客对红色机型的青睐，没有加大红色机型的生产量，硬是顶着风险劝说顾客购买较多库存的黑色机型。

于是，大多数顾客纷纷掉头购买一些跟随品牌的红色机型，一些对企业不好的舆论也在网上出现，质疑该品牌的相机，说他们店大欺客，企业的管理者没有关注到这些舆论，也没有启动相应的应急机制。

面对黑色机型的滞销和红色机型换成黑色机型（换货），管理层与经销商产生了比较大的争执，管理层表示：

· 产品利润的大部分已经给了经销商，经销商销售不出产品，就是经销商的问题；
· 换货会浪费销售时间，这部分损失必须由经销商垫付；
· 换货会导致物流成本增加，这部分成本应该由经销商承担；
· 换货导致企业不信任经销商的能力，会影响经销商的年终返利。

大部分经销商听到企业的回复，立即反对，而且大部分持反对态度的经销商联合起来，要抵制销售这家企业的产品。

经销商的意见是：

· 所有商品的销售都是市场决定的，让他们卖出不好卖的机型，无疑是在难为他们；
· 换货是常见的，尤其是新产品，如果企业这么强势，双方以后还如何合作；
· 对于利润部分，产品销售出去后才有利润，积压在仓库里是没有利润的，反而占用成本；
· 就是因为企业的年终返利政策比较吸引人，经销商才选择销售这个品牌的，如果未经经销售同意就改变年终返利政策，经销商以后就不卖你们的产品了。

中间发生的诸多事情，在一定程度上影响了企业对红色机型的快速生产，也浇灭了经销商对该款产品的销售热情，转而向顾客推荐其他畅销产品。企业管理层短期内并未发现分歧带来的影响，还是一意孤行地关注如何销售黑色机型，还忽视了红色机型在市场上的脱销情况。

半年后，企业管理层不得不接受这些事实：

· 市场上红色机型是畅销机型；
· 红色机型仍处于供不应求的局面；
· 经销商销售热情的消退导致企业红色机型购买率下降；
· 黑色机型对比半年前，仍有95%的库存积压。

在产品滞销、每个月都巨亏的情况下，项目的主要负责人拨通了我的电话，介绍了企业目前的困境，想听听我的建议。我立即赶到企业，召开会议，了解高层的主要需求后，我告知企业高层如果不做出有效决策，企业面临的处境会更加艰难。

针对此事件，我提出了以下几点建议：

· 无条件收回滞销机型，企业承担所有费用；

· 销售滞销机型的经销商，一律多增加12%的奖励；

· 积极应对舆论，对顾客真诚致歉，同时对购买产品的顾客免费赠送一年的保修；

· 对于继续合作的经销商，今年的年终返利额外增加5%，明年继续合作的经销商，年终返利额外增加6%，是对共同度过这次危机的奖励；

· 为接下来的活动制订一个销售奖励方案，凡是滞销机型销售台数超过畅销机型的销售人员，一律给予“云南七天游”的奖励；

· 启动畅销机型的快速供应通道，以预收款的方式让顾客缴纳订金，并承诺20天内发货。

听到我的建议，企业高层面面相觑，他们觉得这根本不可能，费用是高昂的。我告诉他们，可以先分析，分析后再来决定做与不做：如果不这么做，企业遇到的情况可能就是死路一条；如果做，代价可能是暂时的难过。我和企业高层针对这几项主要建议进行了成本分析，得出的结论是：如果企业采纳这些建议，企业大概需要额外支出220余万元，但是可以挽回1800多万元的市场份额；如果不这样做，企业面临的经济损失1400余万元。虽然额外支出对企业有伤害，但这个伤害企业能够承担。经过商讨，企业高层也觉得这些建议是可行的：

· 这种方法可以挽留住经销商，并维持了与经销商下一年的合作；

· 因为奖励提升了，经销商愿意推销滞销机型，不仅能多拿钱，还有旅游奖励，虽然经销商可能会把利润让给顾客，但对打开销售渠道是有利而无害的。对企业而言，减少了换货的损失，因为换货的损失要比12%的奖励多很多，现场消化无须花费大量的人力、物力，所以这是最佳选择；

· 对销售人员的旅游奖励是对他们能力的认可，不仅有助于新品牌市场的打开，还为日后合作奠定了良好的基础，企业在这个活动的基础上有机会主动了解销售员在意的是什么，避免日后可能出现的问题；

· 让经销商与销售员知道，企业的产品不仅好卖，而且奖励多，只要双方继续合作，他们就能够多赚到钱；

· 经销商还是收集市场情报的好帮手，有助于企业建立应急机制。

事实证明，我做对了。启动畅销机型的快速供应通道后，仅用时1个月就实现了1700多万元的销售额，而这1700多万元的销售额为企业带来了几百万元的直接收入，这在项目研发之时，完全不敢想的。这样的一个好开头也为下一年的产品铺了一条好路，下一年的销售额竟然是前一年的125%，净利润也是前一年的115%。

我认为，没有什么方式是固定的，也没有什么思维是无法被打破的，如果有，我们也应该去尝试。

6 第节

除了研发别无选择

新品类的“阶段终止”分为很多种，如“研发阶段终止”“调研阶段终止”“试销阶段终止”等。每个阶段的终止都预示着新品类在环节上的不完整，可能导致新品类活动出现纰漏，为日后新品类的发展埋下祸根。这是很多管理者应该正视的问题。

新品类终止的基本原因可能是销量不理想、利润太低、亏损严重等，但根源在于：研发产品的准备工作不充分，就贸然开始；研发出来的产品并不适应市场竞争；研发出来的产品并不具备太强的竞争力，无法对抗既有品类；差异化程度较低，研发出来的产品是同质化产品的一员。总之，根源在于研发。

“竞争战略之父”迈克尔·波特说过：中国企业，除了研发别无选择！某些企业家和企业高层对此不以为然，认为中国是制造大国，市场外包行情好，劳动力成本低，这些都是企业的“巨大优势”和“竞争力”。

但技术的进步和发展彻底地告诉企业，这些“巨大优势”和“竞争力”并非“品牌优势”“核心技术”“溢价权”，企业也摆脱不了“低价值链”“竞争底端”“低利润率”的命运。

迈克尔·波特提到：长期做OEM（代工生产）绝不会令你做得更好，在十几年前中国人均GDP为1000美金，有些地区可能3000美金，如果在这种经济水平下做代加工是可行的，但步入中等国际收入水平之后，就必须有其他做法，比如建立有独立品牌的跨国公司，进行技术创新等。中国企业应该多考虑如何与大学结成联盟，深入研究技术，培养研发人员等长期扎实的工作。中国企业要想发展，就必须走这条路。除此之外，别无选择。

说到代工，东莞这个代加工城市深受其害，这些关于“代加工服务”“流水线利润”“低于行业均值利润”的现实情况反映了缺乏“核心竞争力”的危害。

印度的班加罗尔，号称全球的制造工厂和全球的企业办公室，班加罗尔的软件水平确实高，软件外包做得不错，但是这里的软件公司没有自主知识产权和核心技术，当国际金融危机来临时，这里的员工是首先被裁减的对象。同一时间，中国部分企业正为日后能够成为全球化企业悄然计划着，如华为、中兴、迈瑞、三一重工都相当重视技术研发的投入，尤其看重研发带给企业的竞争力。

例如，迈瑞发现人口老龄化严重，医疗成本呈现上涨趋势，某些疾病带来的巨大不稳定性让人类面临着昂贵的医疗开支，所以竭尽全力履行企业社会责任，着力增速构建智慧医院生态，打破学科边界，为优质诊疗和高效管理赋能。现在的迈瑞已经在全球拥有52家子公司，企业服务地区包含190多个国家；在一家有14000名员工的企业中，高达23%的成员从事研发工作；有3400名研发专家，申请了7400项专利；业务规模大，与660家欧洲教学医院、几十家美国排名靠前的医院、中国99%的三甲医院合作。

迈瑞用行动向我们证实了“他们改变了世界”，通过核心技术，他们发展成为一家全球化企业。

国内的企业大部分都很优秀，也拥有全球领域内都非常好的技术，但有些企业为了技术而技术，没有结合商业思维，没有将尖端的技术经济化，如：误将品牌当成企业经营；没有让品牌与品类进行关联；品牌没有成为品类的代名词；无法及时将内部成果转化为经济成果。

倘若无法将尖端的研发技术经济化，不仅企业浪费了前期的资源和努力，对社会也造成了极大的伤害。国内企业要想发展得更好，就必须坚持差异化道路，同时遵循自主研发和掌握核心技术这两个原则。

第7章/CHAPTER SEVEN
新品类差异化

第1节 新品类的差异化道路

提到差异化道路，就要提到“运营效益”，大部分企业都在追求“运营效应”，也就是我们经常说的内部活动。某些企业管理者经常关注电销部门“一天打了多少个电话”“回访了多少顾客”“本月业绩完成了多少”，一旦这些方面不达标，就觉得个人能力有问题。简单来说，这就是“运营效应”的一种体现。企业管理者把重心放在了“运营效应”上，忽视了“品牌定位是否清晰”“品类是否具有差异化”“品类的价值”“产品的信任状”等核心工作，是这部分工作赋予了产品的精神和实质性，其为溢价权的发挥起到了极大的帮助作用。

品牌缺乏明晰的市场定位，就限制了超过80%企业的发展，为此这些企业进入市场时就受到了很大的阻力，又不知道问题出在哪里，如何解决。事实证明，对市场缺乏必要的认知，必然导致企业在市场上的行为出现偏差，陷入经营不善的境地。

企业如何改变这种局面呢？答案是专业化，专业化可以使企业产品与同质化产品拉开足够的距离，也正是专业化让企业产品的溢价权远高于其他品牌。

我不相信售价接近的房子获得的净利润是相同的，也不相信售价接近的香烟获得的净利润是相同的，也没有理由相信售价接近的纸巾获得的净利润是相同的。

同质化产品关心的是百分之几的毛利润，但对专业品牌而言，它们获得的毛利润远比同质化产品高得多，可口可乐销售一件产品所获取的利润是百事可乐的两倍，如果百事可乐的利润率是行业标准，那么可口可乐的利润率就是行业标准的两倍。

可口可乐想的是如何尽可能多地销售产品。百事可乐还在关心“如何提高利润率”。

导致两者利润率差距大的主要原因可能就是专业化，可口可乐真的做到了全球化典范。可口可乐作为领导品牌，必然是顾客考虑可乐品类时的第一选择。

通过研究对比可口可乐和百事可乐，我有了一些发现：领先品牌（百事可乐）很难赶超领导品牌（可口可乐）的市场份额；哪怕百事可乐在销量上超过可口可乐，也无法取代领导品牌成为品类的代名词。因为可口可乐才是这个品类的开创者，而且一百多年来始终都是领导品牌。

我用品类将一些品牌联系在一起，并相互关联。品类与品牌不是对等的，无法平行，品类与领先品牌之间是弱连接，品类与领导品牌之间是强连接，哪怕领导品牌已经灭亡，但这种连接也不会立即断裂，除非有一个更具差异化的新领导品牌出现，否则逝去的领导品牌与顾客之间还维持着关系。

品类下有许多品牌，当一些不怎么重要的品牌（非品类代名词）消亡时，会有更多的品牌顶替它并试图与品类形成连接关系，如果能迅速运用优于前者的差异取代逝去的品牌，那么新品牌就能够稳固住地位。

品类与品牌之间是主导关系，品牌归属于品类，完全依附于品类的发展，品类越强大，品牌就越强大，这也是“母强则子胜”的体现。当品类消亡时，与品类连接强的品牌自然无法独立存活，因为两者之间的关联已经深入人心，无法被轻易忘记，想起这个品牌，就会想到那个消亡的品类，品牌还会被打上“失败者”之类的印记。

成功的领导品牌占据着品类总体70%以上的总值，即使领导品牌的市场份额约为45%～55%，可以这么说，“品类似乎是为了成功的领导品牌而活，因为成功的领导品牌给予了品类生长所需的最大比例的养分”。

所以，无论企业是生产好产品，还是想要让好产品获得成功，专业化是前提条件。企业还需要牢记这两点：“做正确的项目”和“正确地做项目”。

提到“正确地做项目”，企业需要了解，成功率较高的新品类在开发之前其实已经有了明确的品类差异化，避免项目进行过程中企业还要探索差异化。企业在开发前明确好品类的差异化，能推进项目走向正确的方向，同时还能积极推动项目提前完成；开发新品类项目前，要统一全体成员（高层、中层、基层）的思想，全员要了解新品类项目，否则任何一个新品类项目都不得进入开发阶段。

第2节 成功新品类的关键因素

开发新品类活动之前，企业除了明确品类的差异化，还要明确回答一些问题。我整理了在这个阶段，企业管理者提到最多的问题“新品类成功主要与哪些关键因素有关”，这不仅是我长期思考的问题，也是企业管理者最在意的问题。我花了很长时间研究这个问题，对一些已经成功取代既有品类的新品类进行分析，发现促使新品类成功的关键因素虽然不同，但某些关键因素是重合的，我整理归纳了这些重合因素。

- 作为新品类中的领导品牌，它们的差异化都是独一无二的。
- 坚持以市场竞争为导向，始终站在一线了解未来的“品类新价值”。
- 这个新品类必须是面向世界的，而且会被大部分地区接受。
- 启动新品类活动时，要做更多的准备工作，而且在品牌开发前，就要完成准备工作。
- 项目上要考虑周全、充分，做好时间上的规划布局是成功的关键。
- 根据实际情况制订合理的战略计划是重中之重。
- 企业最高管理者的支持，对项目发展始终有着积极的推动作用。
- 集中所有资源用于项目发展，保证项目的完整性、独占性。
- 资源必须到位，没有资源就不可能成功。
- 速度就是一切，在有限的时间内提升开展新品类活动的效率，才能创造出巨大价值。

基于这些关键因素的新品类活动的成功率比没有涉及关键因素的新品类活动高4倍，获取的市场份额和净利润也是它们的3.5～5倍。从上述关键因素，我们可以发现：

- 差异化有很多种，但独一无二的差异化才是领导品牌成功的关键，如果领导品牌还是新品类的开创者，其在市场上可以产生最大的效果；
- 坚持以竞争为导向，必然紧跟竞争发展趋势，能第一时间获取市场上最有价值的信息，并转为己用；
- 一旦确定差异化价值是新品类独一无二的价值，新品类项目在各个阶段的工作必须完整地做完，并保证这个项目在组织内部是受到重视的，这预示了新品类项目在研发阶段是成功的；
- 资源在十个关键因素中位列倒数第二，这并不是说资源不重要，而是相比其他因素，资源更不容易被忽视。早些年，资源还是首要因素。

普通品类只能喝到具有差异化品类的一些“汤汤水水”，是因为它们的产品大部分是同质化的、似曾相识的，或者缺乏新鲜感，但是企业管理者浑然不知，有些管理者单纯觉得差不多的产品既然在市场上能够存活，只要他们能够生产出“差不多”或“略胜一筹”的产品，就能获得顾客的青睐。殊不知，这种内部思维是导致企业只生产同质化产品，喝些“汤汤水水”的关键。想要获得成功品牌的溢价能力，企业就要痛下决心开发具有差异化的产品，简单的模仿于结果是无益的。

第3节

竞争优势调研法

内部思维方式并不是顾客的思维方式，顾客的思维方式其实根植于市场中，顾客会对比品类中品牌间的差异，找出一个最符合他们需求的品牌，如果企业的品牌不能满足顾客的相应需求，就不会被选择。

潜在顾客的思维方式是这样的：品牌要有差异化；能够比其他品牌解决更多的问题；能带来高附加值的利益点；能降低购买成本；品牌的特性是竞争对手没有的；对顾客来说具有意义和价值。

品牌可以从以上六个方面来评估，每个方面10分，总分60分，得分48分及以上的是卓越水平，36～47分的为优秀水平，低于36分的为普通水平。通过评分，我们可以对一些不同的品牌进行比较，最终得出成功因素，运用这种分析方法还可以找出相应品类及品牌在竞争力上的强弱程度范围。

倘若每项评分都非常高，那么新品类及产品在市场上的成功率就会高，反之，企业就需要警惕，因为这时候品牌很有可能处于下行期，继续下去很有可能成为企业发展的阻碍。此分析方法被我称为竞争优势调研法，管理者只需要运用一张简单的表格，就能运用此方法迅速得出结论。

竞争优势调研法是基于顾客心智，分别从六个维度对品牌进行评价的，倘若企业想在市场竞争中取得胜利，这六个维度必须是企业和管理者要思考的，并在组织内部宣传，上下一心共同思考。

管理者可以清晰地看到一个新品类项目从研发开始到研发结束的整个过程，每个阶段其实都是项目成员的实质参与过程，伴随着他们的投入，这个阶段也被赋予了生命力和相应的作用。

面对新品类研发活动时，企业需要始终追逐品类差异化。这里的品类差异化就是与“战略”和“定位”有关的工作，能决定未来新品类在市场中的表现是积极的还是消极的。

当企业管理者发起新品类活动时，需要设置较高的要求，促使组织内部的有限资源能够发挥出最大的作用，既能保证项目的活动不偏离方向又避免资源的浪费。设置较低的要求，可能开发出来的是一个没有“战略”和“定位”的产品，不仅无法吸引顾客的注意力，还可能带领企业走向失败。不能成为首选品牌就不是成功的品类，虽然在市场竞争中能够赢得部分胜利，但始终被力压一头，发展上有所欠缺，这是企业管理者意识不到的。

管理者应该强调新品类活动无论是在研发中还是投入市场后，都必须保持真正的差异化，这才是有效的市场行为，如果只是按部就班地模仿竞争对手的产品，结果只是市场上多了“同类型产品”而已。

企业想要获得新品类活动成功，其实不仅要分析自身的优势和劣势，还要分析竞争对手的优势和劣势，如通过竞争优势调研法可以分析出：麦当劳的优势在于标准化（油炸），汉堡王的优势就是私人定制（烤制），汉堡王聪明地站在了竞争对手的对立面，与麦当劳有效区隔，让目标顾客在两个品牌之间做对比，并做出购买决定，这才是汉堡王的取胜之道。很显然，它在一个强大的竞争对手面前，没有选择直面攻击，而是选择了侧翼战，让竞争对手防不胜防。

想要吃标准化汉堡的顾客会去麦当劳，而不想吃标准化汉堡的会选择汉堡王。麦当劳、汉堡王、肯德基、华莱士这几个品牌瓜分了中国汉堡品类90%以上的市场份额，其中：单个汉堡利润率最高的始终是汉堡王，利润率最低的则是走低价路线的华莱士。正因为汉堡王始终站在竞争对手麦当劳的对立面，在市场上获得了大部分顾客的青睐。肯德基和华莱士，它们找到自己的差异化了吗？

汉堡王通过分析竞争对手，了解了麦当劳强势中的弱势，找到可以攻破的点。请记住，制定与竞争对手标准相反的标准，就是寻找差异化的方式之一，而差异化就是“我们具备而别人没有的独特服务”。

所以，想把新品类活动做好，不仅需要找到竞争对手强势中的弱势，还需要专注地做自己擅长的事情，日复一日，专业的新品类活动就建立起来了。

第4节

技术推动品类发展

企业要建立一个内部专家学者活动的领域，在这个领域里，彼此一起交流，一起探讨品类：最巅峰的技术知识；竞争对手的最新举动；新技术适合的市场；顾客的反馈是否全部了解；市场上的新风向；企业应该采取的行动。

专家学者共同研发品类技术，突破和创新技术，不断引导、控制品类的未来发展，这才是积极且有意义的事情。

企业要对这件事情有正确的理解：这项工作不是一项短期的临时活动，需要企业耗时数年，未见到成果前，研发人员要夜以继日地研发技术，但这是一件了不起的事情，只要认定了，企业就要坚持做。

在技术研发过程中，品类中的技术间可能出现冲突，无法兼容，这种情况下，研发人员需要做的就是看看其他项目的成员是怎么做的，是否会有更好的解决方法。这种暂时的困惑虽然暂停了研发的步伐，但通过召集项目成员共同讨论难题，想出对策，大部分难题最后总能被攻克下来。品类中暂时无法攻克的难题很可能与品类在未来发展中需要的技术相关，显然其对品类意义重大，关于这些技术的研发，其他人可能同样束手无策，但这应该成为企业追求成功的主要动力，是企业前行的方向。

无法攻克的难题一旦找到可以撬动的点，企业和研发人员必然是兴奋的。对未知技术的探索，当然需要投入的资金多、时间长，企业从中收获什么暂时不得而知，但是可以肯定的是，这一定比做一些简单的工作得到的回报要高得多。

领导品牌总是与最优秀的技术挂钩，因为它们投入了数倍于他人的资源和时间用来研发技术，这些技术的出现成功地为顾客带来真正的改变，在满足顾客需求的同时在竞争上产生溢出效果，这就如某些人尽管多年不用iPhone手机，但是记住了iPhone手机的流畅。

因此，哪怕很多品牌离开领导地位多年后，依然有许多顾客能清晰地喊出它的名字，并且分辨出它与其他品牌的不同之处。这些品牌通过技术（差异化），在长达几十年的时间里对顾客心智产生影响，表明该项技术与品类牢牢挂钩。虽然品牌不复存在，但在顾客心智中仍占有一席之地，这种记忆过于深刻，顾客无法忘怀。

这种情况可能与几个原因有着直接关系：该品牌是品类中的开创者；该品牌是领导品牌；该品牌有显著的差异化；该品牌的性能是高品质的；该品牌的专业能力突出。

我曾经参与过新品类项目的研发，经常与不同项目成员打交道，他们有的才华横溢，有的傲慢无礼，我不由得对项目成员的能力进行分析，发现参与项目的成员实际上都有且只能有这两种能力：把复杂的事情变简单的能力；把简单的事情变复杂的能力。

抓住开创品类的机会并第一时间采取行动，这就是第一种能力，因为事情越简单，就越倾向于成功。不断地考虑生存压力和面临的巨大困难是第二种能力，因为他们总觉得机会遥不可及，这是成功者才能进行的活动。但后者显然忘了，对于一个没有核心竞争力的企业而言，生存永远是第一位的，赚钱是企业在生存压力下的本能反应。这也意味着越落后越挨打。这是每个品类在发展过程中都会遇到且不可避免的问题。

已经落后的企业，要做的不是模仿成功者，要做的应该是追求他们“抛弃”的一些东西，这指的并不是一些没有价值、盈利点较低的东西，而是其不得不舍去的那部分。舍去的这部分，如果不抛弃，就会影响成功者的步伐，而这些正是其他品牌成功的机会。因此企业应该积极做出响应，站在竞争对手的对面，主动找出他们“抛弃”的那部分东西，大胆地在市场上建立自己的商业王国。要知道，通往成功的道路并没有什么捷径，就是拥有足够的勇气和立即行动的能力。

每个管理者都是依靠自身实力带领企业不断发展壮大的，尤其当企业处于高速成长阶段，这代表管理者的状态是最佳的，管理者更应该积极主动掌握品类发展，并将主动权牢牢把握在自己手上。所有在企业旺盛期进行新品类活动的管理者，从来没有稳中求进的需求，因为不满足就是他们开创新品类活动的动力，他们深知现在企业的情况允许试错，也担得起试错的成本。很多管理者意识不到为何需要进行新品类活动，但他们却有持续进步的需求，新品类活动其实就是通往持续进步的最佳捷径。

持续进步意味着在未来的工作中，要以每五年为一个阶段，独立出一个项目小组，并投入足够的资源，以创造出企业发展所需的新产品，这些新产品可能在未来占据市场70%的份额或者是企业利润的主要来源。这已经被超80%的超大型企业验证，国内中小企业应该不断学习这些成功者的行为，逐渐发展壮大。可能在某年某月的某天，一个颠覆性的新品类就诞生了，而且在未来很长一段时间里，打倒了曾经看似无法超越的品类王者。在新品类的世界里，只要结果没错，过程经历些挫折都是正常的。

第8章/CHAPTER EIGHT

管理者如何影响企业发展

第1节

最高管理者与危机

企业中的最高管理者，要了解企业在外部市场的实际情况，但是他们又是距离一线最远的群体，在办公室中被一层层的“保护圈”包围着，得到的一些重要信息都是被“保护圈”修饰、覆盖、过滤后的，最高管理者了解到的信息其实已经在本质上发生了变化。

如果你要研究非洲狮群，只是通过一些会议、几通电话或者几次调查就想了解非洲狮群的生活，是远远不够的。你必须开上一辆皮卡车，带上足够的水、食物和相应物资，来到它们生活的区域，在不打扰狮群并不被它们发现的情况下，静下心来观察它们，记录它们怎么捕猎、多久喝一次水。这样身临其境的了解方式虽然风险很高，但是获得的体验远远超过其他方式。

商业竞争同样如此。企业的最高管理者要像销售人员一样站在一线，切身感受竞争带来的变化，感知市场风向，这些经验在企业开展新品类活动时才能帮助企业管理者做出合理决策。切记，走访一线不能走形式。

新品类活动进入市场后，可能遇到一些比较特殊、紧急的情况，如产品涉及虚假宣传，这时候需要最高管理者立即赶赴现场，解决问题，但最高管理者又抽不出时间，这时候要如何安排呢？

处理这些问题时，企业需要灵活安排，分析最高管理者的能力，根据管理者的能力，方案可分为几种。

· 最高管理者不擅长处理这些特殊、紧急的问题，哪怕亲临现场，也没什么把握；
· 最高管理者能够处理这些特殊、紧急的问题，但是没有太多的相关经验，未必有把握处理好，即使处理了，也可能给新品类的未来发展留下一定隐患；
· 最高管理者擅长处埋这些特殊、紧急的问题，但是这次的问题与之前的不太相同，可以尝试让处理结果达到最佳状态，但未必能够恢复到以往；
· 管理层与擅长处理此类问题的专家组成危机处理小组，共同应对危机，找出让未来变得更好的因素。

大部分企业表示，曾经选择过第一种处理方式，当然也要承担这种处理方式带来的结果，企业做出这样的选择，是因为这是企业最高管理者的工作，问题发生时他们必须挺身而出，勇于担当，而没有考虑自己是不是有能力处理好这些问题？危机发生时，可能不会留下很多思考时间，人们潜意识里首先想的是如何掩盖问题，不是把问题圆满解决，得到的自然是两个不同的结果。其实，人的因素是影响这些特殊、紧急问题解决的最深因素，产品是销售给顾客的，而顾客拥有自主思考能力，显然也属于人为因素。

遇到虚假宣传的问题，我通常采用危机公关5S原则，即在解决、处理危机过程中，采用五种原则，这五种原则相互独立又相互配合，具体是承担责任原则、真诚沟通原则、速度第一原则、系统运行原则、权威证实原则。

社会公众关心两个方面：一方面是利益，利益是公众关注的焦点；另一方面是感情，也就是重视程度，因为社会公众非常关心企业是否在意自己的感受，如果被企业忽视，事态可能扩大，导致公众对企业的仇视程度增加。

所以，危机发生后，承担责任原则要求企业做到如下：

· 无论谁对谁错，企业都应该承担相应的责任，勇于承当责任的企业是公众希望看到的；
· 即使受害人在事故中具有一定的责任，企业也不应该先追究他们的责任，这样可能导致双方各执一词，矛盾不断加深，招致社会公众的反感，并不利于危机的处理；
· 企业应该站在受害者的立场，表示一定的同情和安抚，并通过权威的新闻媒体向公众致歉，解决深层次的心理、情感关系问题，获得公众的谅解，尽量降低争执，挽回公众对企业的信任。

企业处理问题的方式、企业的一言一行，都会受到外界的关注，如何解决问题、获得公众的谅解，是这个时候的企业最需要做的。

真诚沟通原则是处理危机的基本原则之一。真诚是指诚意、诚恳、诚实。若能做到，大部分问题都可迎刃而解。真诚沟通原则要求处于危机中的企业做到如下：

· 诚意，即不欺骗，危机发生后的第一时间里，企业要立即召集企业高层协商处理方案，同时实事求是地向公众说明缘由，致以歉意；
· 诚恳，即真挚实意，社会公众的利益放在第一位，对问题和错误不回避，直击核心，让公众感受到企业的坦荡和责任感；
· 诚实，即不隐瞒，让第三方权威机构对产品成分进行分析，分析出导致问题的原因，迅速给予公众准确的答复。这是危机处理中最关键、最有效的解决方法。

总之，企业千万不要有侥幸心理，必须真诚待人，诚心解决问题，应该主动与新闻媒体联系，通过媒体说明问题和解决方式，努力促进双方相互理解，尽快地与社会公众建立起沟通桥梁，并消除公众的疑虑与不安。

在危机出现的12个小时里，舆论会像病毒一样蔓延、裂变、高速传播，在这段时间内，消息虽然铺天盖地，但可靠的不多，社会公众、新闻媒体、主管单位等都会密切关注企业，所以速度第一原则要求企业做到：

· 企业尽快站出来发出第一份声明，给外界一个准确的回复；
· 企业要尽快落实处理危机的举措，果断行动起来，并尽快与新闻媒体和社会公众沟通，避免危机扩大、升级、蔓延。通常而言，危机发生后的4小时是处理危机的黄金时间，企业若能积极诚恳地解决危机，是能够及时控制事态的。

危机发生后，企业员工可能无心工作，都在关注外界对企业的评价，这种状态会使企业处于焦躁或恐惧中，所以系统运作原则要求企业做到：

· 企业高层应在内部说明危机，迅速统一观点，对危机要有清醒的认识，安抚员工，减轻员工的心理压力，帮助企业恢复正常工作秩序；
· 一般情况下，危机公关小组通常是由企业的公关部成员和高层领导组成的，最佳方式往往是高层领导处理，一方面能让外界看到企业的诚意，保持高效，另一方面观点和行动要统一；
· 危机瞬息万变，企业高层必须尽可能地集中在一起进行决策，避免偏听偏信，专政专权。合理使用收集上来的资源，迅速做出有效决策，进行系统的部署安排，付诸实践；
· 应将事实经过如实告知主管单位、投资人、供应商、同品类下的其他企业等，共同解决危机，众人拾柴火焰高，增强公信力、影响力；
· 要想真正、有效、彻底地解决危机，企业需要在控制住事态后，及时找出产生危机的根源，对症下药，让公众看到企业解决问题的决心。治“本”才能让外界“对标”，停留在治标上，前面付出的努力必然是前功尽弃的，甚至引发更严重的危机。

第2节

风险评级

对特殊、紧急问题进行阐述，主要是因为这些问题对于新品类活动的侵害性、威胁性比较大，对比既有品类，新品类相对脆弱，如果不加以保护，后期遇到此类问题，企业根本无从下手，不知道如何着手解决。处理特殊、紧急问题时，主要关注点应该在于外界利益、转移视线、法律引据、高额补偿、追究原因、承当责任、快速回应、达成共识、真实需求等方面上，这些是解决棘手问题的关键点。

我分析过新品类与舆论之间的关系为企业带来的影响，发现企业准备得越充足，风险带来的后续影响就越小。分析了2020年国内一百家企业面对特殊、紧急问题采取的决策和带来的后续影响（见表7）。

表7　决策选择带来的影响

选项	选择比例/企业	失败率	成功率
第一种	52家	82%	18%
第二种	26家	61%	49%
第三种	19家	32%	68%
第四种	3家	11%	89%

从表7可以看出，对于那些不擅长处理特殊、紧急问题的企业高层领导而言，他们的失败率达到了惊人的82%，而对于擅长处理此类问题的专家而言，成功率高达89%，失败率只有11%。

我建议应对风险评级的具体内容如下：

· 风险可分为10个等级，1级风险最低，10级风险最高；

· 风险等级直接关乎着此次事件对企业的影响，以及对企业的冲击程度；

· 风险等级与群体（社会公众、新闻媒体、主管单位等）、舆论范围、不满情绪等有直接关系，决定企业需要投入多少人力和资源来解决此次事件；
· 通常风险等级为3级以上的，需要配备多于前两个级别的人力和资源，确保企业能够控制住事态。

企业总会遇到一些紧急情况，有时候最高管理者未必能及时奔赴一线了解和处理紧急情况。这时候的最佳方式是找到一个专门从事该项工作的机构，由其负责处理。一个擅长处理此类事件的专家团队，处理此类事件的成功率会比那些不擅长处理相关问题的管理者高出几倍，毕竟团队是由几个具有顶尖才智的人员在疏导社会舆论，这与“一个人搞定一群人”有着显著的区别。这与北京协和医院针对疑难杂症组织不同领域的医学专家会诊，并制订出最佳治疗方案是一样的道理。

第3节 咨询顾问与管理者

众所周知，身处咨询行业的这些人员，必须是睿智的，才能从事这类高难度工作，大部分管理者应该知道咨询顾问提供的是智力服务，他们的价值在于对知识的运用，当他们与企业合作时，他们提供的咨询价值应该超过自身的附加值。

就说说我自己吧，我的工作就是与不同领域内的杰出专家探讨市场上的前沿技术。通过运用双方的资源和能力，预测并影响企业的发展，帮助他们掌握自己的命运，这是我对自己工作的看法，也是一些顾客对我工作的评价。

我的周围同样有一群聪明的人，甚至大部分都比我聪明。那些困扰企业大部分管理者的难题的解决方法往往是这样诞生的，各个领域的人才集中一处，对这些“复杂病症”进行讨论，并给出一个最佳方法。而我的工作环境是沉闷的，不断学习只是基础条件，具有分析现象的能力和敏锐感知新鲜事物的能力是基础条件外的附加条件。因为我知道那些能够提供专业、高质量服务的咨询顾问需要有坚实的基础。

我多年前就证实了一点，越往后走，咨询师能力的提升也就越困难，却能保证我处于一个最佳状态，那就是，我不需要向任何人证明自己，或者去敲他们的门，因为我知道，以我的专业和能力，总会有人为我打开市场。虽然现在相对困难，但我相信，越是困难，客户想砍掉的是预算，不是智慧。

对我而言，此时期的日常业务咨询量远高于普通时候，这或许跟其他咨询师转行有关，但我很庆幸我坚持下来了。咨询业的本质与新品类的生命周期相似，那就是：要么不断创新，要么淘汰出局。

我经常告诉客户，不要试图亲自去做那些专家可以帮助你做得更好的事情，应该把时间留下来做自己擅长的事情。很多人并不知道，如果将精力用于改善缺陷或者做自己不擅长的事情，即使努力更多，所产生的成果增量也是很少的，这也是我多年来坚持不触碰其他行业的主要原因。我也一直以成为咨询业中的积极榜样为目标，以作为一个有能力的咨询顾问自豪，这让我能积极回应客户。

企业聘请咨询顾问，邀请其参与项目，向其咨询问题和困惑，或许短期内企业支出有所增加，但是获取到的知识可能帮助你节约几年的时间。

当然，我经常在团队内与其他成员分享“给足够的预算，做出最漂亮的事情”。但对于一些预算不充足的企业，我也会在时间允许的基础上，为其提供无偿帮助，因为我知道他们很困难，并且他们已经迈出了艰难的第一步，我应该有所回应，这对我咨询事业的拓展，起到良好的作用。

管理者在企业内部，会时不时地产生一些新想法，这些新想法没有进行管理、归纳、识别，不能够被长期保存好，所以有必要请一些外脑对此类情况进行处理，确保企业朝着更好的方向发展。

新想法提出时，我们就要立即行动，积极地为新想法增加活力，填充内容，并在测试中找到可能导致失败的原因，探寻成功的条件。请记住，新品类活动是为了打造出一款独一无二的产品，成为领导品牌只是事情做对的一个实力认证。

所以，在项目的选择上，咨询顾问要帮助企业制定一个高质量的流程，能够帮助企业和管理者识别出好项目，并把稀缺资源用在真正值得投入的项目上。

第4节 CIO和CEO

在大型企业，都有CIO（Chief Information Officer，首席信息官）这一职位。CIO的主要职责是担负企业创新流程的制作、创新工具的使用，以及发掘新技术，提升公司竞争潜力。CIO通常是由具有技术背景或对技术了解比较深厚的企业高管来担任，在非创新型企业中，通常直接向CEO（Chief Executive Officer，首席执行官）汇报工作成果。在以创新为主要生存技能的企业中，CIO的作用完全不亚于CEO的。随着竞争激烈程度的提高，CIO在IT、软件、游戏品、制药、新能源、快消品类的企业中的重要性越来越大，有的能直接进入企业最高决策层。其实，CIO更重要的是连接企业与外部市场竞争中的一个桥梁，他们负责把商业模式和技术连接起来，并带领团队开发新技术，帮助企业持续发展。CIO的另一个作用就是在企业发展的每个阶段发挥平衡作用，毕竟过多的关注或过多追求短期成果的行为都有可能导致企业在战略定位上出现失误。

CIO作为强有力的执行官，能够有效化解企业各个业务部门对于创新的抗拒，能够更顺利地解决企业在各个阶段面临的创新难题，有利于企业创建一个能推动创新技术发展的环境。

CIO的主要工作内容包含：

· 流程且系统地对技术进行创造；
· 跟进并解决技术创造活动中遇到的风险；
· 带领企业不断进入各项技术创造的大门；
· 发现并传播技术创造对企业、社会带来的影响；
· 为当下及未来确定技术领先的发展机会；
· 确定品类中的机会并发掘相应的市场；
· 统筹新品类的功能或者所能提供的服务；
· 为技术创造的初始提供必要的资源配置；
· 为新技术创造良好的研究环境；
· 鼓励创造性思维的产生，并运用创造性思维带领技术实现突破。

CIO是企业中思维最为敏捷的创新型管理人才，他们更喜欢做挑战性的工作，求知欲旺盛得远超其他同级别的存在。因为真正富有创造力的人都具有独立的思维，还要能忍受他人对新概念的嘲讽。

很多企业并没有专门设立CIO这一职位，大部分是其他管理者兼任的，因此，大多数情况下，即使新品类契机呈现在管理者面前，他们也无法做出有效回应。

CEO也是管理者，只不过他们所负责的工作是企业中最关键、核心的内容。他们负责企业的发展，为企业航行掌舵，但是，面对新品类活动阶段存在的变量时，能够对此迅速做出有效响应，给出处理方法才是最关键的。

最优秀的管理者知道什么时候自己是领导者，什么时候是参与人员，什么时候是基层工作者，他们会深入项目的各个阶段，让各阶段的工作者感受到管理者与他们并肩作战，有时候管理者还应该是倡导者，他会在最需要的时刻及时出现，并让各阶段工作者明白何时应该推进项目、何时应该停止项目。这股力量来自哪里，那就是“经验的指引”。

第5节

“把关人”

在新品类活动中，成功的团队会先树立一个清晰的目标，并关注少而精的事情，同时对合理的新产品阶段进行优化，再进行有序安排。在新产品的每个阶段都会有一个选择，即“尚不能进入下个阶段”及“必须进入下个阶段”，通过系统组合管理的方法对阶段起到严格的控制：“暂缓键”“终止键”“继续键”“完成键”“结束键”。这也是新品类活动成功的主要原因之一。

每个项目不单需要清晰地分为各个阶段，同时每个阶段在进入下个阶段时，还需要有关口审核的存在，这是防止一些不符合标准、规范的工作误入下个阶段，避免为日后的工作埋下隐患。所以在大多数的新品类项目中，存在着“把关人”这一职位，这一职位的作用在于审核其他成员的行为规范，当然也包括项目负责人，通常“把关人”直接向项目负责人汇报工作，在特殊情况下，也可以直接向最高管理者汇报。

“把关人”通常是项目的最后一道防线，他们的工作就是阻止一切影响项目风险的靠近，由于职位特殊，要求“把关人”不能有丝毫的判断失误，否则就会为项目带来巨大的危机。

通常，“把关人”具有以下能力：

· 带领项目化险为夷的能力；

· 必须公正、客观，不能以自身立场作为判断标准，否则就丧失了这个职位的公正性；

· 有纵观全局的能力，能够洞察项目的发展趋势和项目中的漏洞（防御壁垒）；

- 有协助每个项目建立“基础机制”“互动机制”“审查机制”“影响机制”“安全机制”的能力；
- 具备“专业标准”的同时，必须建立项目的“市场标准”，带领成员了解“市场标准”对项目产生的作用、未来影响；
- 及时提醒项目其他成员进行协作、补位，对各阶段的工作做出相关且准确的决定，如“进入下个阶段”“移交给其他部分”“宣告完成”“进入市场”“继续在市场上流动”。

综上所述，这是一个没有明确划分的职位，无论在国内企业还是国外企业，这些工作都是由项目负责人担任的。但是对一些高度依赖技术研发的企业而言，这一职位应该单独剥离出来，因为其承担的事情很多，对项目的影响是突出的。

我认识一些“把关人”，他们甚至比国内大多数上市企业中的项目负责人还要技高一筹，因为敏锐的职业感知，他们在平时的工作中能洞察到一些项目负责人看不到的问题。所以，高度依赖技术研发的企业对把关人的要求较高，必须具备良好的反应能力、协作能力、灵活的变通能力。工作时，把关人需要保持高度的集中力，一名优秀的把关人通常能降低项目中80%以上的风险。

但是优秀的把关人不好寻，有些企业为寻觅到合适的把关人而头疼，但我知道，在一些咨询公司、领域专家中，是能够寻觅到有实力的把关人的。他们通常有着固定合作的客户群体，且在工作中进行远程指导就可以控制项目风险。

第9章/CHAPTER NINE

战略之于公司

第1节

战略于企业的支持

Intel的一系列产品线及Merck的一系列产品线对于新品类活动投资的目的，就是支持母公司的战略规划，不是单纯地从市场上获取足够的收益。Intel、Merck所投入的大部分资金用于市场上的新品类活动中，目的在于让母公司在市场竞争中能够得到足够初创企业的支持，以此刺激母公司核心业务的总体销售，这有助于缩短新品类的上市时间，更快推动母公司完成在对应市场的布局。对新品类活动的作用，每家企业的理解是完全不同的："中小型企业是为了利润，大型企业是为了领导地位，跨国企业为的是快速布局、实现战略统一"。不同规模的企业，对问题的思考、目标的确立、战略的规划具有一定的差异，虽然中小型企业的规模不如大型企业，但可以向它们学习思考和定位的方法。

不同的企业采用的战略是不同的，战略对于企业发展的影响如下所述。

1. 大树型企业

高度专业化、持续聚焦的企业（大树型企业），通常采用的是品牌战略。大树型企业以大树为主干，树干和主枝是核心产品，这个核心产品逐步发展为该品类中的领导品牌，为整个企业提供充足的养分，维系企业的生命，稳固企业的根基。企业推出第二品牌时，其考量的标准条件是其主品牌是否已经“主导所在品类”，并已经成为该品类中的代名词。

当第一个品牌有了较为稳固的地位时，意味着第一个品牌的发展短时间内将陷入瓶颈：市场份额及净利润很难有所突破，管理层才能把注意力投向新的品类市场中，但关注、投入新的品类市场并不意味着新的品类市场中恰好存在“空位市场”，所以是否适合企业在其中建立新的品牌尚未可知。但优势在于具有稳定收入的主品牌能够为企业发展第二品牌提供资金，而且主品牌成功后所带来的光环效应能为第二品牌带来帮助，这是大树型企业采用品牌战略的意义。

企业在市场竞争中占据不可替代的优势地位，而高度专业化的企业通常能够持续聚集企业中“最关键的焦点”，并将有限的资源投入到最能产生价值的地方，同时创新过程呈现系统化，通常是企业投入所需的研发费用，专门派出一支项目团队进入新的领域，并最大限度地给予人力、资源的支持。

高度专业化聚焦的企业决定研发新品类时，会进行广泛的研究，同时根据市场外部的竞争对手，制订周密的系统计划，避免某些不确定性因素的出现。

品牌战略是以品牌为主，打造出一个强势、具有代表性意义的品牌是品牌战略的核心价值——“一个品牌代表一个品类，并成为品类的代名词”。品牌战略的竞争力在商业竞争中通常是最高的。

2. 伞型企业

多元化分散经营的企业（伞型企业）采用的是企业战略。伞型企业指的是在以伞柄作为结构主干（品牌），伞骨及伞架是附带的跨品类产品，这些跨品类产品并不是该品类中的领导品牌，虽然可以为企业提供一定的养分，但是并不能满足企业发展之需。

多元化分散经营的企业的项目是由员工发起的，虽然员工可以获得一定的资金，但是必须接受内部企业的严格控制和详细的审查，一旦发现新品类的收益太少，或存在短期无法收回创新成本等情况，项目可能随时停止。

这类企业的战略是以企业为主，一切以盈利为主要条件，建立品牌或者进行跨品类发展，只是获取利润的一种手段。它们的目的在于：用一个品牌涵盖所有的产品，并在品牌死亡之前赚取足够利润，以充分满足企业在市场中既定的业务目标。多元化分散经营的企业，其竞争力在同品类中平平，并不具备明显优势，一切都是以盈利为主。虽然企业可能有一个影响力比较大的品牌，但是利润赚取的较辛苦。

当企业发展到对应阶段时，往往会发生这种情况：现有的产品因为持续经营始终无法达到企业既定目标，企业感觉遭遇了比较大的发展瓶颈，需要尽快突破才能实现业绩增长。通常，这类企业为自身制定的目标有时候过于虚无，如“三年成为某品类的领导品牌”“五年实现收益翻番”“每年以30%的增长满足企业的发展需求”等。为此，这类企业想的是，若能充分使用资源，并通过企业当前的盈余，采取多元化发展，迅速扩大经营范围，那么在进行跨品类发展时，就很有可能获取新的利润增长点。

实践证明，采用多元化发展的企业，当完成目标低于原定目标时，企业往往继续通过“多元化手段”来弥补，以实现企业的原定目标。通常，多元化程度越高，原定目标制定得就越高，完成情况与原定目标的差距就越大，企业从事多元化经营的可能性也就越大。最终，导致企业进入了又一个不熟悉的品类中，与其他品类的强势品牌进行竞争，而多元化发展的弊端也逐渐显现出来，就是企业对进入领域不了解，大多数时候无法做出正确的经营决策。

多元化发展会给企业带来哪些影响呢？多元化发展促使企业进入一个又一个新领域，企业若想实现原定目标，短期之内必然与老牌竞争对手发生摩擦。同时，企业还必须拥有庞大的资金开拓新领域。企业进入新领域，意味着企业从高层到基层，都必须尽快学习对应品类的知识，迅速获取进入该领域的条件，培养一批技术骨干及管理人员，打造出有自己特色的产品。事实上，隔行如隔山，通才不如专才，当一个企业经营了数十个不同品类的产品时，有时候管理者连所有的产品名称都记不住，产品更新迭代快，对产品一段时间没有关注，就会失去对它的掌控。若想在竞争中脱颖而出，需要为每个不同的产品寻找到品类的差异化，凸显产品在对应品类中的竞争力，难度之大，难以想象。现代品类竞争程度高，对各个领域的分工要求越来越细，这就对多元化企业的高级管理人员、技术人员关于品类中的“顶层知识水平”提出了更高的要求。

原定目标与完成情况之间的差距，需要时间和资金投入来缩小，因此，企业进行多元化发展时，必须对新领域进行充分研究，并自问如下问题：

· 遇到的困难中，哪些是企业能够克服的？

· 为何能实现原定目标？企业的依据来自哪里？

· 面对新领域的强势品牌，企业要采取哪些有效行动？

· 企业要对新领域的产品采取哪个有效定位？

· 新领域内，产品差异化是什么？

这一连串的问题，折射出来的中心思想就是：企业不能随便地就进入一个新领域。进入新领域前，企业要考虑得越周详越好，如果能够察觉存在的风险，那就更好了。其实，多元化分散经营的企业在进入每一个新领域时，都需要对品类市场进行点对点、有针对性的分析，并给出充足的理由，才能在接下来的行动中有序地展开布局。匆忙进入新领域，会使企业受到诸多风险及不确定性的影响，导致企业的市场行为偏离正确航道。

企业多元化发展的行为会分散企业原有的目标顾客、资源、人力、决策、时间等。企业参与不同领域的活动，首先内部可能有不同的意见或冲突，导致内部出现矛盾激化的风险。最高管理层能胜任这一多元化经营后的新岗位，是带领企业在短期内掌握新领域的关键。

例如：康佳，先后推出洗衣机、冰箱、咖啡机、炸锅、烤箱、电池炉、电饭煲、料理机、破壁机、电水壶、养生壶、蒸汽熨斗，甚至便携饭盒、净水器、盲盒、耳机、麦克风等产品；海信，先后推出冰箱、洗衣机、冰吧、冷柜、空调、除湿器、空气净化器、新风系统、电热水器，甚至小厨宝、燃气灶、洗碗机、嵌入式蒸烤箱、手机。

这两家企业就是典型的多元化分散经营的企业，里面有哪些产品是我们购买过的呢?

3.灌木型企业

灌木通常指的是那些没有明显主干、呈丛生状态、比较矮小的树木，一般为阔叶植物，它们的形态决定了它们的生长速度快，且长势惊人，越冬时，虽然地面部分枯死，但根部仍然存活，第二年继续发新枝。

灌木型企业是在既有品牌并未主导该品类的情况下，同时推出多个产品，甚至以品牌作为主要经营方针，我把这种行为称作“灌木型战略”，采用这种企业发展方针的企业几乎难以长大，大多是小企业，因为小企业的品牌知名度不高，不会像大企业那样坚持使用原来的品牌，但是又贪多，想不断地进入其他市场尝试获取更多机会，所以进行了越来越多的跨品类发展，增加了一个又一个品牌。

这种类型的企业没有认识到，其实它们没有多少资源可以同时经营多个品类或者发展多个品牌。如养生堂，先后推出“朵而”“龟鳖丸”“农夫C打”“母亲牌牛肉棒”“清嘴”“成长快乐”“水溶C100”等十几个品牌，里面有哪些产品是我们购买过的呢?

综上所述，可得出如下结论:

· 较成功的企业是大树型企业，处于最高位置的也是大树型企业，因为其有足够的专业化;
· 受20世纪诸多成功企业的影响，选择最多的莫过于伞型企业，这类企业的专业水平虽然比不上大树型企业，但可以在成功建立一个品牌后，满足自己获取利润的目标;
· 失败最多的是灌木型企业，其处于发展层面的最低位置，紧凑地簇拥在一起，只是为了抱团取暖，依靠数量优势获取那一线生机。

在2022年下半年，我曾对厦门的两百家20—50人规模的企业进行战略分析，通过分析发现，它们采用的战略不仅与品牌及产品数量有着直接关系，也直接体现了市场份额及净利润的数值大小，从这一点上看，我们能看到企业在经营成果上的最终收获（见表8）。

表8 各种类型企业对比

企业类型	占比	品牌数量（个）	产品数量（个）	平均营业额（万元）	平均净利润（万元）
大树型企业	4%	1	2	100	26
伞型企业	75%	3	6	100	8
灌木型企业	21%	4	12	100	4.4

通过表8，我们可以看出大树型企业的发展较好，虽然品牌数量少，但获利能力惊人。当这项分析得出结论之后，发现占比只有4%（4家）的大树型企业中，竟然有3家（75%）的新产品都属于新品类，其特征明显，都含有品类差异化和清晰的产品定位。

再看看其他数据，大树型企业每卖出1件产品获取的营业额相当于灌木型企业卖出的5.9件。虽然灌木型企业占比位居第二，但这种营业额的获取难度是很高的。

多元化分散经营无疑是这三种类型中采用最多的战略了，或许这种战略比较符合人性，可以满足大多数管理者“增长的欲望”，而且也符合“产品越多、盈利越多”的本质心态，更重要的一点是，企业的品牌是无所不含的，这些企业的管理者可以骄傲地说：“我们什么都做，什么都经营得很好”。确实，如果不看大树型企业的净利润，伞型企业的净利润将近是灌木型企业的两倍，但是对比大树型企业的净利润，伞型企业的净利润就不够突出了。

管理者应该知道，哪怕是品类中的领导品牌，其净利润率可能出现几十个百分点的差距，因为强盛品类的品牌明显会比弱势品类的品牌更具有溢价空间，如：航母品类与汽车品类间领导品牌的净利润差，以及军工品类与3C品类间领导品牌的净利润差尤其明显。

这也可能是越来越多企业采用多元化分散经营的原因，因为伞型企业不需要像大树型企业一样克制自己的欲望，而且需要接触新领域，工作中充满了新知识。

企业采用的战略不同，意味着自身在商业竞争中遇到难题及风险也不同。因为其中伴随着一些大大小小的构想，这些构想对企业有直接的引导作用。

我们能看到，在经济下行的时候，最先受到冲击的往往是那些灌木型企业及伞型企业，大树型企业的抗风险能力相对较好。

第2节

宝洁的战略

宝洁，有“品牌教父”的美誉，管理界一直认为其是营销最厉害的专家。在过去的几十年，宝洁拥有多个令人羡慕的成功品类，如牙膏品类、洗发品类等，具体包括汰渍、佳洁士、玉兰油、SK–II、伊卡璐、舒肤佳、欧乐B、帮宝适、碧浪、护舒宝、吉列、海飞丝、潘婷、飘柔、沙宣、品客等强势品牌。

实力强劲的宝洁采用的发展战略是以品类为主要方针，细分日化市场。宝洁有着不同规模的品类事业部，每个品类事业部都管理一款在品类中占据领导地位的品牌。但有些品牌并不是宝洁创造的，那它们从何而来呢？

如果你理解宝洁商业帝国的发展史，就能知晓部分品牌是通过并购方式获得的：

- 1985年，收购潘婷、玉兰油品牌；
- 1991年，以15亿美元收购了蜜丝佛陀（含SK–II产品系列），进一步扩展公司的化妆品和香水生意；

· 2001年，以50亿美元从施贵宝公司收购了伊卡璐系列；
· 2005年，以570亿美元收购了吉列100%的股份，这也是宝洁历史上最大规模的收购。

宝洁旗下这些强势品牌的销售额都超过10亿美元，在世界各地的销售总额超过了1000亿美元的大关。

宝洁作为全球范围内规模数一数二的企业，曾经拥有超过8000名的内部研发人员，这些研发人员为宝洁研发各式各样的新产品，但实际上，大部分新产品根本没有机会进入市场，很多在研发过程中就夭折了，最终进入市场的不到1%。这对宝洁而言是极大的浪费，无形中宝洁承受着极大的生存压力。后来，宝洁的管理层意识到这是一种“病态”的企业发展思维，于是从根本上做出改变：要求创新成果必须来自外部竞争市场，开始大量裁减研发人员，2000年宝洁内部研发人员只剩下800余名；专门设立了一个有着60名成员的技术侦测小组，这个小组的作用是搜索外部存在的、可以改变品类环境的新技术和新机会。通过运用这种方式，宝洁在复杂的市场竞争中展现出灵活的一面，抓住了存在于外部市场的机会，掌握行业最前沿的技术。

之所以宝洁能在商业竞争中长期享有主导地位，是因为其掌握了一些企业没有意识到的秘诀，企业的“新品类活动能力”与企业的未来发展息息相关，尤其当企业的发展达到某个临界点时，就更不能轻易暂停“那些未来可能成功的新产品”，否则，企业未来可能处于无后续产品可依靠、创新疲软的状态。

宝洁的发展告诉我们，只有不断进行品类研究，才能更好地适应商业竞争的运作模式，满足目标群体对新品类的需求。

宝洁的战略是成功的，但是宝洁也要面临竞争上的问题，如“竞争对手不断壮大，自身要采取哪些行动”。这关乎未来一段时间里，宝洁在商业竞争中是“如履平地”还是“如履薄冰”。

所以在问题已经确定的前提下，无论竞争对手今天会采取哪些行动，宝洁都需要坚定不移地朝着已经确认的方向前行，去开创一个又一个具有品类价值的新品牌，否则日化帝国可能某一天成为人们谈论的历史。或许有人会说，宝洁的竞争对手很有可能是联合利华，或者是欧莱雅，但这么多年来，宝洁的竞争对手始终是自己。宝洁为每个品类和对应的品牌，建立了对应的品类事业部，给予每个事业部充足的发展资金和足够开放的空间，鼓励品类事业部在市场竞争中相互学习、相互竞争、相互搏杀，在这种环境下生存下来的品牌，一如既往地强大。这种经营方针是最有效的，那就是企业内部不断重复着开创新品类的工作，并通过这种方法始终占据该品类中的主导地位。这是宝洁的品类战略，其难度之高无法被轻易模仿，而且回报率惊人。

发展到宝洁这样高度，需要企业日复一日的坚持，需要企业不断重复一些枯燥性的工作。只有企业的某个品牌在某个品类中占据了数一数二的地位，才有可能发展第二个品牌，并不断复制这种成功模式，说起来容易，但其中的艰难远超我们的想象。

宝洁公司不断前行，总是在一个环节或者某个点上反复试验，部分专业人士是这样评价宝洁公司的“它走过的路上没有一块石头没被搬动过，没有一个变量没被反复测量过”。

这或许就是宝洁成功的原因之一,一家企业的市场洞察能力对其未来的发展方向有着至关重要的影响。

第3节

成功企业善用品类统治市场

我们可以看到，无论多大规模的企业，共同的成功之处，在于用品类统治市场，进而建立起属于各自的商业帝国。以品牌带动品类的发展，并将品牌之间的相似之处拉开，形成有效的区隔，不仅能促进品牌扎根发芽，而且还能保护它们好好成长。

成功的企业总是能够传达出清晰完整的目标，便于团队成员清楚地知道：

· 他们的贡献是否符合企业的期望；
· 他们的工作是否与企业的战略统一；
· 他们工作的方向是否与管理者的指导思路一致；
· 他们是否完美地履行了自己的职责。

管理者基于目标，可以让企业成员充分支持和参与新品类活动的发展，鼓励团队为实现商业目标更加努力。

自始至终，管理者需要对新品类活动有清晰的定义，那就是：

· 新品类一开始只是一个概念；
· 新产品是从概念中演变而来的；
· 新品类概念是不断逐步完善的；
· 项目方为它不断地输送信息及营养；
· 在养分及概念的模拟化中，终于有了自己的形态；
· 新品类是什么样子不重要，重要的是你想让它变成什么样子；
· 新品类是概念变成实物的完整写照；
· 新品类够具体，顾客就会关注它，购买它，管理者也会夸它；它不够具体，顾客就无视它，不选它，管理者会毁了它；
· 它只是一个在概念中不断被实体化的产品。

这体现出了管理者与新品类活动之间的关系，大部分管理者对待新品类活动，心中往往只有输赢，而不关心新品类为何成功、为何失败，这其实是对新品类活动的不重视，甚至是轻视。这类管理者失败往往不是因为品类差异化不显，而是因为活动中遗漏了部分重要信息，直接忽视了新品类已被融入了品类文化，如果还把它当成一个死物，那么，管理者就是在山不见山了。

例如，管理者会觉得这只是一个产品线，而忽视了它可以成为一个真正的世界级品牌，看不起它，这就是管理者失败的第一步。如果管理者能够正视这件事情，就拥有了“打开品类机会大门的钥匙”。

所以，“如何与品类交流”“尊重品类就是尊重企业的发展”“正视你的成果”也是很多管理者需要学习的课程，这其实是一种匠人精神，需要不断探索品类文化。如果企业投入了足够的资源后，管理者仍然把它当成一件商业化的工具，就会漏掉非常多的精彩细节。掌握这些文化、掌握这些精彩细节，会让企业与其他企业拉开差距。

管理者“是否曾尝试着与品类建立一种联系”“是否主动要求它为你做什么”。或者说，管理者在要求它做什么的时候，你能为它做什么，这之间是平等的关系，还是一次单向的不平等交易？

这些问题的答案都会直接影响管理者对新品类活动的看法，以及它最终的发展潜力。因为在新品类懵懵懂懂的时候，它也努力向一个完整的事物去发展，因为它的诞生就是取代既有品类。显然，这时候我们已经不能单纯地把它看作一个产品、获利手段或者争夺市场的工具了，尤其在它没有完全强大前，它其实并不能承受管理者的超负荷的寄托。

既然，它的出现会为社会带来一种更完善、更积极的改变，尤其它还是支撑众多利益共同体未来发展的关键命脉，如果管理者还轻视它，那就意味着双方的距离会越来越远，甚至背道而驰。相反，如果管理者能够细心呵护它，正视其未来潜力和价值，管理者就会收到越来越多的丰厚回报。

它的真正作用，会在未来很长一段时间内，影响众多利益共同体为之疯狂。因为这时候的新品类拥有自己的语言、文化、行为，或者说，在市场上已经有了让人无法轻视的实力。但在其弱小的时候，如果让目标顾客充分地了解它，就是企业和管理者需要考虑的事情了，也是需要投入足够精力去研究的事情。新品类一开始就是一张白纸，管理者想在白纸上画什么，它都不会主动拒绝，尤其是在各阶段的内容填充上，管理者需要小心翼翼地刻画出积极的一面。

在行业竞争激烈、壁垒高耸的品类中，弱者很难加入那些大规模的竞争中，因为它没有足够的实力与资源作为支撑，所以面对庞然大物，它们看起来无还手之力，如果想在一个大规模的市场中夺取较大的市场份额，有可能面临的是灭顶之灾。

这不仅跟各自统领的区域有关，也跟面临的竞争对手强弱有关，我们不能把所有的竞争对手都归为强劲派，也不能把所有的竞争对手归为软弱派，需要根据实际情况对所有竞争对手进行全面的分析，才能知道采取何种进攻方式、防守方式去打这场战役。竞争对手的强弱，我们可以先分析一下其所采取的战略，并对此进行较为简单的判断，如："品牌是企业竞争的基本单位"，但企业如果以专业化程度进行区分，那么就只有两类，即高度专业化的企业和多元化分散经营的企业，显然，这两类企业的实力相差巨大。如：

- "格力在空调领域内的影响"与"TCL在空调领域内的影响"或者"格兰仕在空调领域内的影响"；
- "联想在电脑领域内的影响"与"华为在电脑领域内的影响"或者"清华同方在电脑领域内的影响"；
- "西门子在洗衣机领域内的影响"与"康佳在洗衣机领域内的影响"或者"志高在洗衣机领域内的影响"。

从上面的例子来看，几乎可以一眼断定谁会获胜，如果企业的竞争对手是像格力、联想、西门子一样的庞然大物，要去抢夺它们最擅长的领域或者进入它们的主战场，那么企业面临的结果可能是失败的，因为实力悬殊太大。

所以，判断竞争对手的强弱，第一是先看它们的产品线数量，还有进入品类市场的数量；第二是看它们在品类中占据的市场份额，基于以上两点，就能对它们的实力强弱有大概的判断。

第4节

企业发展与国家发展

在追求经济成果的道路上，新品类的发展意愿是管理者必须面对的，因为新品类活动并不是企业墨守成规的内部活动，也不是企业日常运营外的业余活动，是企业管理者带领企业走向成功的必备法宝。但实际上看，很多人觉得这是一项不寻常的活动，这种活动难度极大，只有一些商业高手才能进行。我不知道这些想法从何而来，也不太理解有这些想法的人如何看待自己的未来发展，但我知道，这是一种促进社会健康发展的方式，也是管理者超前思维能力的体现。

新品类的发展意愿在企业内的表现程度代表着管理者如何看待企业未来几年后的发展难题，一旦管理者对于新品类有着超前的意愿，那么未来很长一段时间里，这个意愿将会不断左右企业在经营上的发展，企业也就更有可能在这段时间内获得市场上的超前利润。因此，新品类的发展意愿在企业的发展中将会发挥出重大作用。

企业的发展观念与国家的发展观念有相似之处。

18世纪70年代，德国逐渐成为一个中央集权国家，无论是政治上还是经济上都能看出德国后来者居上的势头越来越猛，或者已经威胁到英、法等欧洲国家在全球政治、经济上的地位了。

18世纪80年代，德国在当局政府的领导下，将全部的发展方向都面向世界，这个时期的德国针对英国和比利时制定了一系列发展方针。这是世界发展上极其罕见、但有效的方法，推动德国在寻求机器制造和熟练技术工人的道路上越走越远，大幅推进工业技术在国内市场的普及，德国因此为全球化的工业崛起带来了先进的技术，在经济上逐渐追上英国和比利时，并在很短时间内反超这两个国家。

德国政府的具体措施如下所述：

· 关税上的政治放松；

· 解除原本对从事商业活动的法律限制；

· 对传统工艺和技术给予足够的支持和尊重；

· 鼓励各个城市的铁路布局建设，促进区域贸易连接形成；

· 完善并推崇教育制度的研究，从国家发展层面强调教育。

这些都为促进经济发展打下了重要的基础。当时德国大学不仅关心科学研究，还围绕科学研究列出了许多细致步骤，这在当时都是闻所未闻的，有些国家还嘲笑德国"病急乱投医"。就在其他国家的政府和大学都在轻视德国的科学研究时，德国政府已经允许大学独立开展相关科学研究了。

相对其他世界强国，德国在这段时间里，可是创立了多种形式的科研组织机构，应用了多种研究方法：建立了国际实验室、国家实验室、大学实验室；制定了研究生指导制度、遴选及考核制度，加强科研队伍建设，规范专业，确保人才的培养质量；确保研究生学院、高校研究所的科研研究和专业科技刊物的出版。

1900年，德国全国未接受教育的民众只占总人口的0.33%。不仅如此，在数学、自然、科学等领域的德国学生人数超过法国的8倍。

从1910年开始，德国全国约有3万余名的尖端工程师从学院和大学毕业，同时期的美国仅有2.1万人。

从1913年开始，德国的尖端工程师人数比英格兰和威尔士多出10倍，德国工程师在一定范围内名声骤起，导致了英格兰和威尔士的工程师无处可去。

同时期，德国在除了大学、技术院校和科学研究院之外的地方进行大刀阔斧的改革，还在中央及地方政府、联邦各州同时支持了40～50个针对特定应用领域的研究工作（如天气和大气、物理和地质学、健康、造船、水利工程、生物、农业、渔业和林业等），培养了一批称霸世界数十年的权威领域研究所。德国学者想尽一切办法在军事、社会、经济、工农业等领域推动国家发展。

德国上下按照政府指明的方向，持续发展20余年（直到1950年前后）后，德国的现代工业基础在全球领域内崭露头角，其他国家在现代工业方面感受到威胁，但是又无可奈何，因为这些领域只能仰仗德国的最新技术。

随着西门子等已崭露锋芒的企业在全球化的有序发展，德国工业在当时甚至数十年后，都在各领域内做到了第一，并通过协同作用迅速赶上并超过英、法等强国。

截至1900年，德国占据美国专利的份额就达到了所有外国专利的32%，英国下滑至21%。

我认为德国的经济能在几十年内有很大的发展，很大一部分原因是国家在专利制度上有了异常明显的一系列改变，而产权制度在促进经济发展中也被证实是有效的激励手段，它使得资产的所有者与资产之间建立了最直接的关系，使得这些“无形资产能够得到有效的保护”。德国政府高瞻远瞩，看到了这些能够改变国家命运的发展机会，国家通过几十年的专利发展能够实现的政治收益、社会收益远远大于纯粹的个人收益，尤其是德国在20世纪中后期，居民的生活水平有了巨大的提升，归根结底，还是这些超前投入奠定了德国几十年后的世界工业霸主地位。

再把注意力转移到市场中，我们可以发现，市场把经济成果的“裁决权”交给了商业竞争，通过既有品类与新品类之间的搏斗、较量，让不具备实力的品牌流入边缘地带，而把主要核心区域交给具有实力的品牌，这既达到了企业通过开创新品类活动服务于社会、顾客的目的，又达成了创造经济成果的目的。当然，商业竞争给一些没有投入研发的企业带来了很大的压力，因为它们只有两条路：跟上脚步或者脱离队伍，这就迫使那些企业要么离开，要么不断地前行。

一方面，在这种商业竞争状态下，市场犹如一根不断挥舞的大鞭，不停地将发明创造能力低下的企业驱逐离场，而把机会留给那些能带来社会改善的企业，这根大鞭犹如市场机制，不断地带动社会朝着积极、良性的一面发展。

商业规则也是市场制度的一种体现，其不断平衡市场，让具有益处的竞争体存活下去，让不具备益处的竞争体枯竭死亡。显然，这种市场制度有助于培育新的竞争体，因为通过这种良性循环，市场变得更加完善，社会和顾客也从新市场中获得更多改善性的帮助。

尤其是当品类中出现了一项全新的技术时，以前的技术都将被迫更新或者改变，同时现有的企业也要接受新技术发起的挑战，最先持有新技术的企业必然会打破既有品类的市场格局，使既有品类中的品牌逐渐贬值，甚至完全失去价值。正是这项新技术，不仅让既有品类中的品牌处于不利的竞争地位，更让这些品牌的生存环境日益恶劣，而拥有新技术的品牌从中获得了什么，那就是胜利者的地位。

另一方面，市场制度也会不断影响品类的发展，因为品类结构是由诞生、分化、死亡组成，这三步不断循环产生新的竞争体。只有通过这种有序的诞生、分化、死亡，才有可能让市场机会在诞生之时，就显得尤为珍贵，让想要通过知识带动发展的企业建立起一种迅速发掘机会、识别机会的能力，否则市场机会只不过是那些少数持有资源的资源论者的说辞罢了。

市场制度的影响让品类的势头从一开始的发展缓慢逐步变得迅猛。商业竞争中不断上演着品类机会的出现、衰弱、强盛的场景，那些现在看来还欣欣向荣的企业，可能下一秒就因为停止发明创造而陷入绝境。尤其是市场中出现了一项突破性的新技术，使用老技术的企业的路就很难走，虽然为这些老企业惋惜，从本质上说，这是企业没有建立发明创造机制带来的影响。

第10章/CHAPTER TEN

新品类工具

1 第节

豪威尔环

现在，将为各位管理者提供一些方便使用的工具和方法，便于管理者进行新品类活动时，能够轻松找出自己所需的“品类差异”。

豪威尔环和对应的品类知识，都是具有深度意义的，这些意义将赋予新品类活动最佳的生命体态，并在很长时间内影响它在商业竞争中的地位。在新品类活动上拥有巨大差异的企业，不仅对成功有完整的定义，还会把追求成功的精神刻在开创新品类活动中的每一个环节上，市场外部定义得也更加清晰，包含：新品类名及定位；新品牌名；品牌名的定位；定位的独一无二差异化；定位的与众不同的特性；支撑特性的信任状；高识别度的视觉锤；广泛传播的语言钉。

豪威尔环为企业带来的不仅是工具，更是一个完整的新品类活动体系。这个体系很自然地形成一种闭环，并形成一个自内向外、不断改善的过程。这更像是由一个个独立的、兼容的“生态链”组成的完整的生态构造系统，目的在于让新品类这个具有生命特征的个体围绕着系统化的体系逐渐完善，稳步成长！

豪威尔环每个环的作用都是独一无二的，影响着品类和品牌的发展，且各自分管着不同的领域。

以下是运用了豪威尔环的案例图（见图1至图6）。

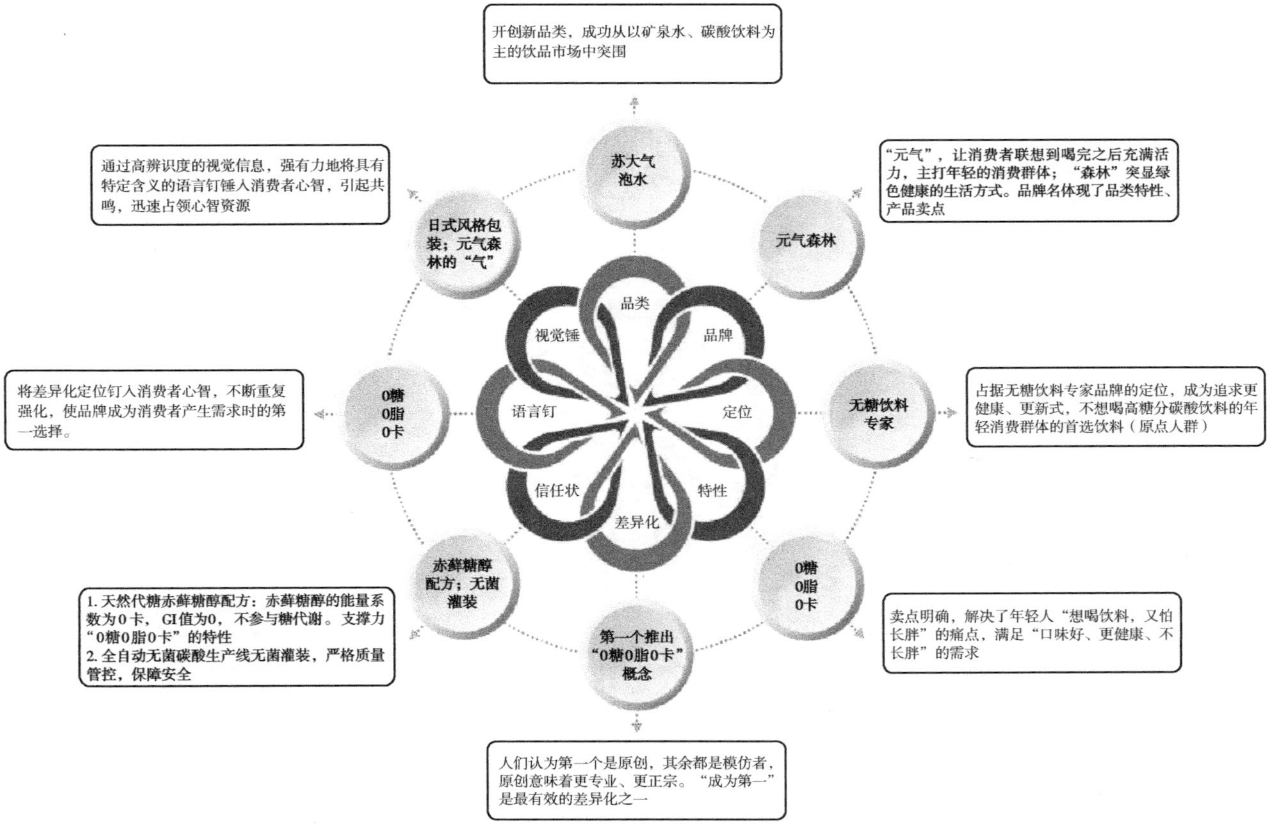

图1　元气森林的豪威尔环

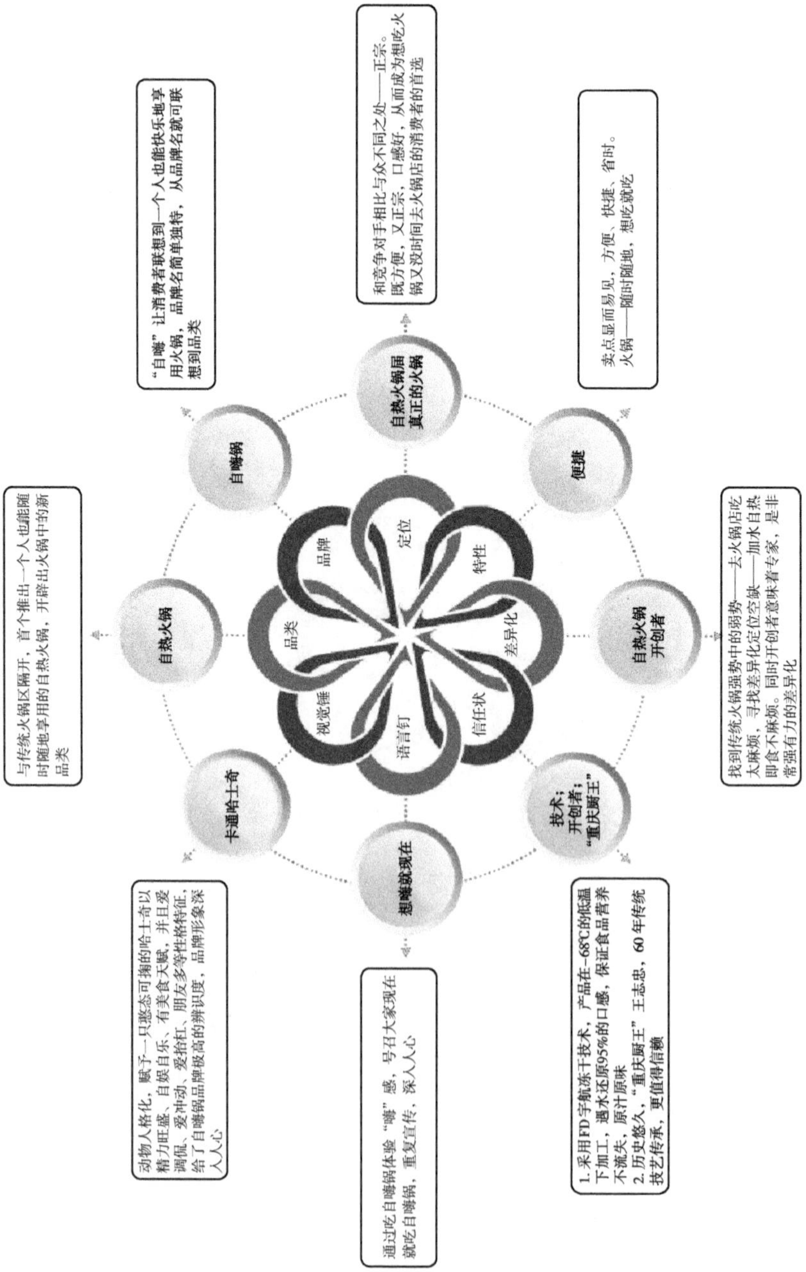
与传统火锅区隔开，首个推出一个人也能随时随地享用的自热火锅，开辟出火锅中的新品类
自热火锅
"自嗨"让消费者联想到一个人也能快乐地享用火锅，品牌名简单独特，从品牌名就可联想到品类
自嗨锅
动物人格化，赋予一只憨态可掬的哈士奇以精力旺盛、自娱自乐、有美食天赋，并且爱调侃、爱冲动、爱抬杠、朋友多等性格特征，给了自嗨锅品牌极高的辨识度，品牌形象深入人心
卡通哈士奇
品类
品牌
定位
特性
差异化
信任状
语言钉
视觉锤
通过吃自嗨锅体验"嗨"感，号召大家现在就吃自嗨锅，重复宣传，深入人心
想嗨就现在
自热火锅届真正的火锅
和竞争对手相比与众不同之处——正宗。既方便，又正宗，口感好，从而成为想吃火锅又没时间去火锅店的消费者的首选
技术；开创者；"重庆厨王"
1. 采用FD宇航冻干技术，产品在-68℃的低温下加工，遇水还原95%的口感，保证食品营养不流失，原汁原味
2. 历史悠久，"重庆厨王"王志忠，60年传统技艺传承，更值得信赖
便捷
卖点显而易见，方便、快捷、省时。火锅——随时随地，想吃就吃
自热火锅开创者
找到传统火锅强势中的弱势——去火锅店吃太麻烦，寻找差异化定位空缺——加水自热即食不麻烦。同时开创者意味着专家，是非常强有力的差异化

图2 自嗨锅的豪威尔环

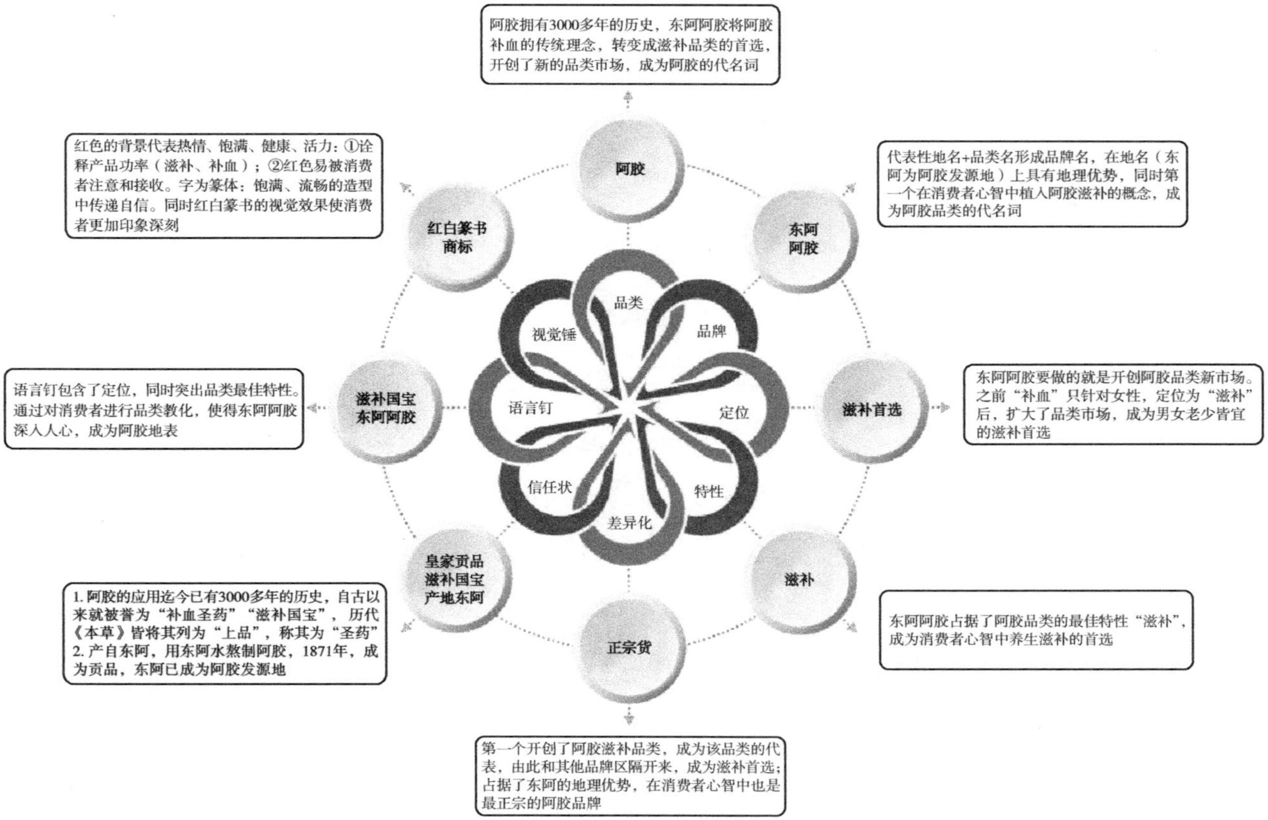

图3 东阿阿胶的豪威尔环

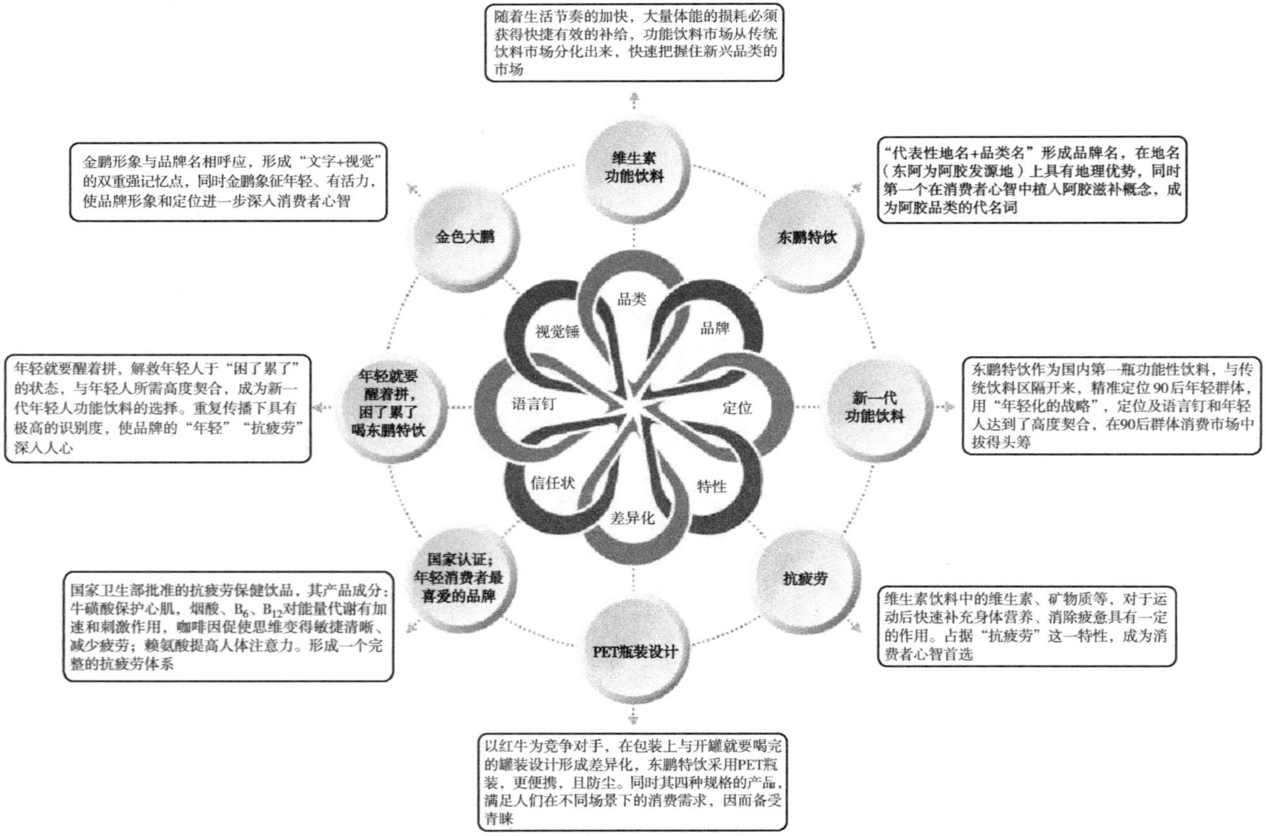

图4　东鹏特饮的豪威尔环

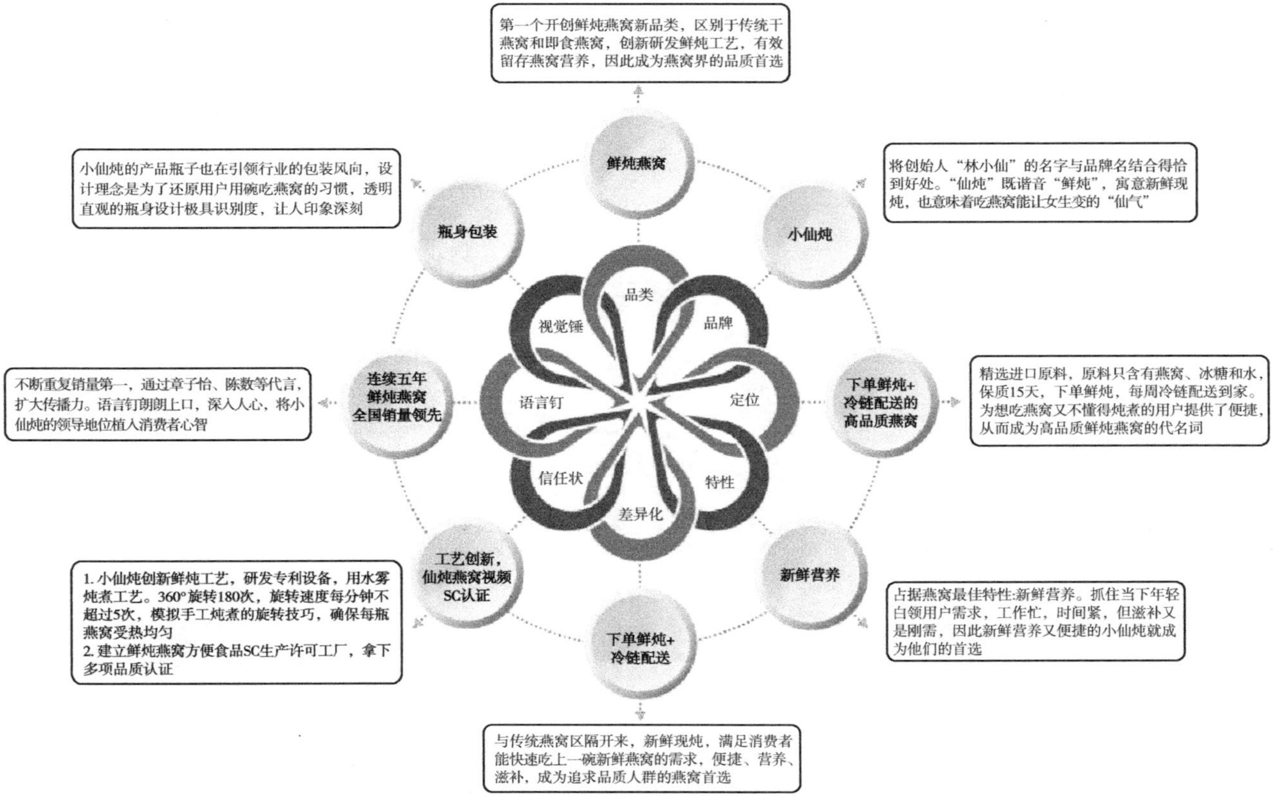
第一个开创鲜炖燕窝新品类，区别于传统干燕窝和即食燕窝，创新研发鲜炖工艺，有效留存燕窝营养，因此成为燕窝界的品质首选
鲜炖燕窝
小仙炖的产品瓶子也在引领行业的包装风向，设计理念是为了还原用户用碗吃燕窝的习惯，透明直观的瓶身设计极具识别度，让人印象深刻
瓶身包装
将创始人“林小仙”的名字与品牌名结合得恰到好处。“仙炖”既谐音“鲜炖”，寓意新鲜现炖，也意味着吃燕窝能让女生变的“仙气”
小仙炖
品类
品牌
定位
特性
差异化
信任状
语言钉
视觉锤
不断重复销量第一，通过章子怡、陈数等代言，扩大传播力。语言钉朗朗上口，深入人心，将小仙炖的领导地位植入消费者心智
连续五年鲜炖燕窝全国销量领先
下单鲜炖+冷链配送的高品质燕窝
精选进口原料，原料只含有燕窝、冰糖和水，保质15天，下单鲜炖，每周冷链配送到家。为想吃燕窝又不懂得炖煮的用户提供了便捷，从而成为高品质鲜炖燕窝的代名词
工艺创新，仙炖燕窝视频SC认证
1. 小仙炖创新鲜炖工艺，研发专利设备，用水雾炖煮工艺。360°旋转180次，旋转速度每分钟不超过5次，模拟手工炖煮的旋转技巧，确保每瓶燕窝受热均匀
2. 建立鲜炖燕窝方便食品SC生产许可工厂，拿下多项品质认证
新鲜营养
占据燕窝最佳特性:新鲜营养。抓住当下年轻白领用户需求，工作忙，时间紧，但滋补又是刚需，因此新鲜营养又便捷的小仙炖就成为他们的首选
下单鲜炖+冷链配送
与传统燕窝区隔开来，新鲜现炖，满足消费者能快速吃上一碗新鲜燕窝的需求，便捷、营养、滋补，成为追求品质人群的燕窝首选

图5　小仙炖的豪威尔环

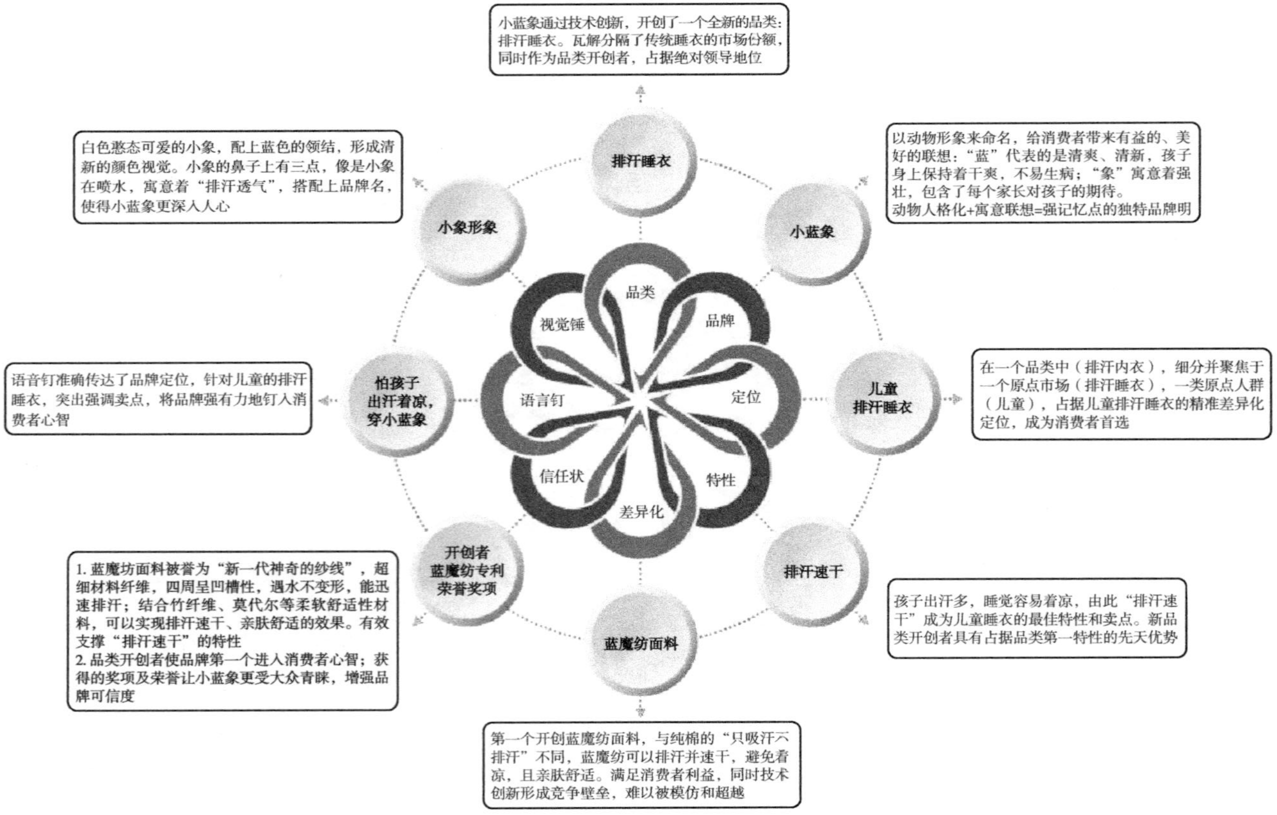

小蓝象通过技术创新，开创了一个全新的品类：排汗睡衣。瓦解分隔了传统睡衣的市场份额，同时作为品类开创者，占据绝对领导地位
以动物形象来命名，给消费者带来有益的、美好的联想："蓝"代表的是清爽、清新，孩子身上保持着干爽，不易生病；"象"寓意着强壮，包含了每个家长对孩子的期待。动物人格化+寓意联想=强记忆点的独特品牌明
在一个品类中（排汗内衣），细分并聚焦于一个原点市场（排汗睡衣），一类原点人群（儿童），占据儿童排汗睡衣的精准差异化定位，成为消费者首选
孩子出汗多，睡觉容易着凉，由此"排汗速干"成为儿童睡衣的最佳特性和卖点。新品类开创者具有占据品类第一特性的先天优势
第一个开创蓝魔纺面料，与纯棉的"只吸汗不排汗"不同，蓝魔纺可以排汗并速干，避免着凉，且亲肤舒适。满足消费者利益，同时技术创新形成竞争壁垒，难以被模仿和超越
1. 蓝魔坊面料被誉为"新一代神奇的纱线"，超细材料纤维，四周呈凹槽性，遇水不变形，能迅速排汗；结合竹纤维、莫代尔等柔软舒适性材料，可以实现排汗速干、亲肤舒适的效果。有效支撑"排汗速干"的特性
2. 品类开创者使品牌第一个进入消费者心智；获得的奖项及荣誉让小蓝象更受大众青睐，增强品牌可信度
语音钉准确传达了品牌定位，针对儿童的排汗睡衣，突出强调卖点，将品牌强有力地钉入消费者心智
白色憨态可爱的小象，配上蓝色的领结，形成清新的颜色视觉。小象的鼻子上有三点，像是小象在喷水，寓意着"排汗透气"，搭配上品牌名，使得小蓝象更深入人心
排汗睡衣
小蓝象
儿童排汗睡衣
排汗速干
蓝魔纺面料
开创者蓝魔纺专利荣誉奖项
怕孩子出汗着凉，穿小蓝象
小象形象
品类
品牌
定位
特性
差异化
信任状
语言钉
视觉锤

图6　小蓝象的豪威尔环

从上述图中可以看到，倘若我们将新品类赋予了足够的生命体态，且将其界定为一个具备“变革性”的新品类，那么我们必须重新为这个极具前途的新产品取一个名字。这个名字需要与既有品类明显区别，不能模棱两可。

定位新品类化的最有效做法是在既有品类中找到一个竞争对手，站在它的对立面，通过对立性为新品类定位。

新品类虽然具有革命性，但在新品类发展的前期，其力量非常微弱，新品类的开创者应该敞开胸怀，吸纳更多的竞争对手一同参与品类发展，共同将这个品类壮大，让其在实力趋于稳定的时候，有机会与既有品类公平博弈。

所以，新品类发展的推动者，应该积极宣传新品类的益处，宣传新品类能够带来的新机会，以及新品类对社会的价值和意义，以此吸引更多的利益相关者加入新品类活动中，这才是重中之重。

新品类的诞生意味着一个个强有力的新品牌即将出现，新品类的开创者很有机会成为这个新品类的代名词。当潜在顾客考虑为新品类买单时，第一时间联想到的就是对这个品类具有重要意义的关联品牌。当然，大多数情况下，顾客考虑购买某个新品类的时候，会想到这个品类能够给其带来什么利益点，如果新品类能给顾客带来足够的利益，就能较为容易地获得顾客的关注，这也是顾客选择产品时，区分品牌的关键所在。

差异化是品牌与品牌间的有效区隔，在差异化的驱动下，每个品牌形成各自不同的特色，便于潜在顾客分类查找。强有力的品牌需要有一个足够强劲的定位，要占据品类中的最好定位，如牙膏的最佳定位是防蛀，品牌就需要找到并且占据防蛀这个定位。每一个新品类都会涵盖大大小小的特性，不同的特性代表了不同潜在顾客的利益点，正是这些利益点，直接满足了不同潜在顾客的需求，才让顾客决定购买这款产品。这些潜在顾客就是因为这些利益点，才考虑为新品类买单。简单来说，品牌名与定位相互影响。

特性之所以代表潜在顾客的利益点，是因为特性解决了潜在顾客的问题，这些特性品牌只能牢牢占据一个，不能以占据多个特性的心态去经营新产品，这样的新产品会不堪重负。一款产品体现一个特性，如果有太多的特性，顾客可能记不住，而且不会相信这个品牌能“面面俱到”“什么都强”。

大部分顾客的思考方式比较简单，他们喜欢一眼就能看出来明显差异的新产品，尤其是一些不愿意在购买产品上耗费大量时间的顾客，更怕复杂化的产品。例如，顾客想买一瓶白酒，他可能说“我想买一瓶高档的酱香型白酒”，而不是说“我想买一瓶高档的、味道好的、喝起来顺口的酱香型白酒”，他可能考虑购买茅台或者五粮液，而茅台在这个时候几乎是完胜的，因为它是酱香型白酒的代表性品牌，并被视为第一、最佳选择。如果茅台不仅开发了酱香型白酒，还开发了浓香型白酒、绵柔型白酒，那顾客在购买高档的酱香型白酒时，可能第一时间无法联想到茅台。

支撑特性的信任状，必须通过第三方来宣传，而且第三方必须客观、公正，并具有权威性。

例如，沃尔沃特性为安全，而三点式安全带、安全气囊、儿童安全座椅及超强硬度的车架为“安全”这一特性建立足够强大有力的信任状，潜在顾客在购买“安全”轿车的时候，会第一时间想到并选择沃尔沃。因为沃尔沃的信任状经过了技术验证和许多商业化机构的认证，其“安全”结果是经过了复杂、广泛的技术评估的，严格的、多方位的测试的，实际应用证实的。如：从“安全驾驶”“风险干预”“碰撞规避”到“乘坐人员的安全守卫”和“遇险呵护”的多个安全环节，对于安全特性，沃尔沃已然做到了汽车品类中的极致，自然成为安全特性的第一选择。

第2节 豪威尔特性调研法

每个不同的特性会直接影响不同的目标群体做出相应的选择，所以，对一个全新的市场而言，新品类与既有品类是相对、制约的关系。我们也可以理解新品类是既有品类的进化版或者替代品，同时也是扼杀既有品类的“敌人”。

另外，如果新品类对于既有市场而言是新产品，那么既有品类对于现有市场而言就是老产品，尤其当新品类逐步蚕食既有品类市场时，新品类需要获得生存所需的养分，这些养分往往是抢夺了既有品类的。

新品类是新市场的一个重要组成部分，与之相匹配的新顾客、新市场需求和新的市场条件等市场要素与新品类一起才能真正形成新市场。很多管理者以为开创了一个新品类，就意味着它代表了一个新市场，这种认知是明显错误的。

企业在进入新市场时，不仅需要注重自身技术的积累和研发，还需要不断寻求外部市场的机会，可以使用豪威尔特性调研法来找到自己需要的这一市场空位。

豪威尔特性调研法包括两种形式，使用方式同样分为两种。第一种，寻找品类的特性，让消费者给品牌占据的特性排序。例如序列式：请您为红牛饮料的如下特性排序（1为最符合，4为最不符合，如表9所示）。

表9 红牛饮料特性排序

1	抗疲劳
2	提神醒脑
3	补充体力
4	营养成分

第二种，列举品类中的特性与相关品牌，由消费者按1—10打分，以此确定品牌占据的特性。

例：逐一列举特性与品牌，由答题者按1—10打分，以牙膏品牌为例（见表10）。

表10 牙膏品牌特性

品牌/特性	防蛀	味道	美白	清新口气	天然成分	先进技术
佳洁士						
爱姆						
超白						

（续表）

品牌/特性	防蛀	味道	美白	清新口气	天然成分	先进技术
皓清						
汤姆						

这两个豪威尔特性调研法可以辅助我们在新产品上寻找到对应品类中的特性。

当然，豪威尔特性调研法会受到一些因素影响，如“机会性因素”“鼓励性因素”“限制性因素”“制约性因素”等，政治、经济、文化、宗教等因素也会影响特性在市场上的需求量及发展情况。

无论是对于“开创新品类”课题的研究还是新产品开发，开始会被许多人当成私有知识，当这些知识转变为经济成果时，人们大感惊叹，但其实，这种私有知识并不会停留太久，大概率会很快走向公有化，也就是常说的“面向市场”，公开后，跟随者必然会参考、直接沿用开创者的成果。

本书的一些方法，为新品类的发展提供了基础性的理论，方便进入者的研究及开发。

但是，新品类的开创者在市场上取得成功后，成果的独占性逐步下降，公有性持续加强，各阶段的跟随者会不断使用这些知识来占据品类第二、第三的位置。

3 第节

顾客选择的是差异化

顾客之所以选择新品类，在于新品类和既有品类之间存在巨大的差异化，这个差异化包含顾客的利益点，代表顾客的购买理由，是与既有品类之间的明显区隔。新品类和既有品类之间的差异化就如同豹子和狮子之间的差异，虽然豹子和狮子同属猫科，但豹子是陆地上奔跑最快的猫科动物，狮子是体型最大、力量最强的猫科动物，它们利用不同的优势在各自的领域捕食。

我花了很长一段时间研究“新品类为何在进入市场之初就有跟随者加入”，结论是，新品类进入市场之初其实并不具备太多的“独占性”，或者说具备“非独占性”特点。

如果一个物种不具有“独占性”，那么就意味着它不具备排他性。发明创造产生的是无形的知识，如某电脑品牌为顾客推出了一款具备高效性的商务电脑，这种高效性体现为办公软件的便捷输入可以大幅提升使用者的工作效率，这便捷输入便是无形的知识，这种知识随着产品进入市场，在市场中迅速传播，其他品牌同样掌握使用了这种无形知识。这种使用或复制知识要比创造知识容易得多，复制者只需要付出相对较少的费用就能直接获取这种知识（专利技术），并基于市场需求进行再加工、再生产。因此，知识产权对拥有者而言是有垄断性的，但对于具有流通性的市场而言并不具备独占性。

新品类的开创者在市场上获得成功后，有关市场需求状况的信息会迅速传播，像Uber开创了“在线打车品类”，滴答就迅速跟随，并第一个在国内推出“在线打车品类”的软件，随后滴滴、曹操、花猪纷纷进入“在线打车”领域，直到今天，Uber仍然为国内在线打车市场提供新品类的需求信息，其他企业无须支付费用就可以享用信息。

如果企业内部没有开创新品类活动的意愿，那么一切有关创新的活动都不会发生，可是仅有这方面的意愿，却没有相关品类理论支持这些活动，同样无法产生有效成果。目前，大部分企业是通过营造一个“有助于新品类成果诞生的环境”来促使新品类活动的开展。中小型企业虽然规模较小，但它们有较多的优势，其中之一就是灵活性，可以寻求外部的帮助让企业获得快速的成功。

中小型企业开展新品类活动的意愿直接体现了企业竞争力的强弱，也与最终的经济成果直接相关。通常开展新品类活动的意愿越强，企业新品类活动成功的可能性就越大，当然，意愿强弱也与企业本身是否保守、竞争意识强弱有直接关系。

市场机会、发明创造、专利技术等，都是促使新品类诞生的关键，这些最终都是服务新品类的，并让新品类在商业竞争中结出经济成果。无论是进行新品类活动的企业，还是品类联盟、购买者、从业者、投资者、利益相关者、监督者、旁观者，这些都是新品类活动的支持者，无论怎么行动，最终都汇聚一处。

这类活动过程其实是一个“不断学习”的过程，要求企业和管理者不断地在品类世界中主动探寻、发掘、补充，这有别于一成不变、照搬学习的简单活动。品类知识是灵活多变的，对于同一个品类，可以使用多种方法让它诞生，无论过程发生什么变化，最终要实现的就是经济成果，而实现经济成果的前提是新品类具有差异化，不能找寻并提出一个有效的品类差异，就容易让企业产品陷入“同质化”。

多年的咨询经验，让我深深地明白，企业要在自己擅长、经验丰富的领域内活动，才会如鱼得水，开展新品类活动也是一样，应该将新品类活动与当前的企业业务紧密结合，利用系统化开创新品类的方式，寻找并征服一座又一座的高山，征服一个又一个新品类市场，努力成为品类中的领导品牌！

至此，希望国内广大管理者，可以用好本书，发挥出本书的价值，欢迎大家阅读我的其他图书——《开创新品类》《新品类战略》等。系列丛书中涉及的一系列管理方法，可以访问豪威尔咨询官网：www.haowel.com。

期待大家的踊跃交流，我将尽我所能为各位读者提供更多关于新品类的相关理论、方法，谢谢大家！

再见！